跟大師
學創造力
5

貝多芬
與他的音樂
＋
21個
創意實驗

海倫·包爾 Helen Bauer 著　陳佳琳 譯

Beethoven

His Life and Music with 21 Activities

本書獻給愛德華・包爾──感謝你的多年陪伴。

目錄

總導讀

鄭國威 （泛科學總編輯及共同創辦人）

身為一介投身科學知識傳播與教育領域的文科生，我一直在找尋兩個問題的答案。第一個問題是，要怎樣讓比較適合文科的孩子不要放棄對理科的好奇心與興趣？第二個問題是，要怎樣讓適合理科的孩子未來能夠不要掉入「專業的詛咒」。

選擇理科或文科，通常不是學生自己由衷的選擇，而是為了避免嘮叨跟麻煩，由環境因素與外人角力出的一條最小阻力路徑。孩子對知識與世界的嚮往原本就跨界，哪管大人硬分出來的文科或理科？更何況，過往覺得有效率、犧牲程度可接受的集體教育方針，早被這個加速時代反噬。當人工智慧加上大數據，正在代理人類的記憶與決策，而手機以及各種物聯網裝置，正在成為我們肢體的延伸，「深度學習」怎麼會只是機器的事，我們人類更需要「深度的學習力」來應對更快速變化的未來。

根據國際學生能力評量計畫（PISA，Programme for International Student Assessment），臺灣學生雖然數理學科知識排名前列，但卻缺乏敘理、論證、思辯能力，閱讀素養普遍不足。這樣的偏食發展，導致文科理科隔閡更遠，大大影響了跨領域合作能力。

文科理科繼續隔離的危害，全世界都看見了，課綱也才需要一改再改。

但這樣就能解決開頭問的兩個問題嗎？我發現的確有解法，而且非常簡單，那就是「讀寫科學史」，先讓孩子進入故事脈落，體驗科學知識與關鍵人物開展時到底在想什麼，接著鼓勵孩子用自己的話來回答「如果是你，你會怎麼做？」「如果情況變了，你認為當時的XXX會怎麼做？」等問題，來學習寫作與表達能力。

閱讀是Input，寫作是Output，孩子是否真的厲害，還得看他寫了什麼。炙手可熱的STEAM教育，如今也已經演變成了「STREAM」——其中的R指的就是閱讀與寫作能力（Reading & wRiting）。讓偏向文科的孩子多讀科學人物及科學史，追根溯源，才能真正體會其趣味，讓偏向理科的孩子多讀科學人物及科學史，更能加強閱讀與文字能力，不至於未來徒有專業而不曉溝通。

市面上科學家的故事版本眾多，各有優點。仔細閱讀過這系列，發現作者早就想到我尋覓許久才找到的解法。不僅故事與人物鋪陳有血有肉，資料詳實卻不壓迫，也精心設計了隨手就可以體驗書中人物生活與創造歷程的實驗活動，非常貼心。這套書並不只給孩子，我相信也適合每個還有好奇心的大人。

貝多芬的墓碑。達德若拍攝

給讀者

　　貝多芬創造了絕美的音樂，他的天賦與才華，對後世的古典音樂家具有無遠弗屆的影響。音樂學者和音樂課程無不仔細分析研讀他的創作，全世界的學生管弦樂及合唱團經常演奏演唱他的作品。貝多芬在古典音樂界的地位無人能及，而他的人生歷練也與他的音樂表現密不可分；我將在本書探索並設法找出兩者之間的緊密連結。

　　書中出現的重要音樂詞彙，我會在文末匯總，詳加定義（P.142）。此外，各章專欄的「音樂小百科」也會深入探索特定的音樂概念與主題。我希望藉此讓擁有各種程度音樂知識或經驗的年輕讀者，更能了解貝多芬這個人，以及他在音樂上的成就，和終其一生所深信遵循的信念。

引言

「我決心要超脫面臨的所有滯礙，勇敢前行。」
——貝多芬於1801年的一封信中寫道

你能想像對於你完全無法聽見的聲音的需要和渴望嗎？失聰的人有可能作曲嗎？一個失聰的作曲家又該如何克服這種障礙？這樣的病症又會如何影響他的人生？他的音樂會受到人們喜愛嗎？失聰的作曲家又會對世界產生什麼影響？

貝多芬一生遭逢許多窒礙，但他一一克服了。早年他必須面對貧窮、病痛，以及酗酒的父親，他的童年並不快樂，充斥著孤獨和恐懼。青少年時期的他，意識到自己得擔負起撫養母親與兩個弟弟的責任，可是他的身體狀況愈來愈不好，使他一生都遭受折磨。

此時的歐洲社會充滿動盪、革命風潮盛行，亟欲追求改革，這樣的生活環境影響了貝多芬的想法，他鞭策自己躍上音樂舞臺，展露他無與倫比的才華與強烈鮮明的個性。他的音樂成就使得他得以進入皇宮與音樂廳表演；他的理想與性格，讓他能夠為了自身的權利與全人類的公民自由挺身而出。

貝多芬二十七歲時開始喪失聽力，當時的科技和醫學均不發達，無法解決這個問題，再加上手語才剛起步，尚未建立一套能讓聾人溝通的方式，雖

然有「助聽筒」這種能夠放大音量的圓錐筒，但是效果有限。貝多芬仰賴助聽筒協助他與外界溝通，直到他完全耳聾，再也聽不到助聽筒傳來的聲音為止。然而，他卻能夠在演奏時感受到樂器的振動，這對他來說大有助益。不過無論他試了各種方法，都無法扭轉聽力完全喪失的事實。

貝多芬從幼年時期就展露自己難纏複雜的性格，學者將他的某些行為歸咎於聽力喪失，而這樣的情形在接下來的二十年日趨惡化。喪失聽力也使得他缺乏安全感且心生恐懼，有許多年他都竭力隱藏耳聾的事實。貝多芬對於是非的認知，以及他極高的道德標準，更展現在他的許多行為上。他不善社交，但是喜歡與人相處。此外，他對當時浮誇虛榮的社交禮節非常不以為然。

許多年來，貝多芬試圖向朋友與聽眾掩飾自己健康不佳以及益發嚴重的聽力問題，不了解他的病情的人，總認為他的行為古怪又奇特。確定雙耳全聾之後，貝多芬不再積極參加社交活動，他更覺得被孤立，也使得他變得猜忌多疑。

失聰的人難以與外界溝通。海倫·凱勒失去了聽力和視力，她曾說過，看不見使她與外界事物隔絕，聽不見卻使她與他人隔絕。貝多芬失去的不只是聽力，他還喪失了與其他人有所聯繫的能力，但這種缺陷卻是他成為作曲家的一大助力，因為他能不受外在世界干擾，專心傾聽內心創作出來的美妙樂音。

貝多芬的作品是真正的傑作，他的許多作品具有開創性，並為後世奠定了標準。他是絕佳的音樂建築師，總是不斷的追求完美。他的一些偉大作品在當時讓聽眾倍感震撼與震驚，由於過於繁複前衛，19世紀的聽眾、音樂家與樂評家難以理解。貝多芬深知這一點，他提到這些作品「不是給你們聽的，是給後世的人們聽的」。他的創作仍持續激發提振世人的創作靈感。本書講述的是史上最偉大作曲家的真實故事，那些他所跨越的障礙，縱使讓他痛苦，使他深受折磨，卻無法阻止他繼續前進。

貝多芬。國會圖書館LC-USZ62-13745

大事紀年表

1770	貝多芬於 12 月 17 日在波昂受洗；父母為約翰・范・貝多芬與瑪麗亞・馬達琳娜・凱維希利
1774	弟弟卡斯帕・卡爾受洗
1776	弟弟尼可拉斯・約翰受洗
1778	3 月 26 日，貝多芬舉辦第一場音樂會
1780	貝多芬成為波昂宮廷管風琴師克里斯丁・克特勞伯・尼菲的學生
1783	發表以「德斯勒進行曲」為主題的 C 小調九段變奏曲
1787	到維也納與莫札特會面
	母親瑪麗亞於 7 月 17 日過世
1789	巴黎巴士底監獄發生暴動
	貝多芬開始資助家人；成為宮廷管弦樂隊的小提琴手
1790	貝多芬創作〈皇帝約瑟夫二世葬禮清唱劇〉
1791	莫札特於 12 月 5 日過世
	貝多芬成為馮・布勞寧家的音樂教師
1792	貝多芬離開波昂，前往維也納
	父親約翰過世
1793	貝多芬成為海頓的學生
1796	開始出現耳聾症狀
	貝多芬前往萊比錫、布拉格、德勒斯登與柏林
1798	貝多芬寫下 C 小調鋼琴奏鳴曲〈悲愴〉（作品號 13）
1799	拿破崙成為法國新政府的第一執政
1800	貝多芬指揮他的第一號交響曲

1802	貝多芬寫下海利根史塔特遺書，創作了第二號交響曲（作品號 36）
1804	拿破崙自立為帝；拿破崙戰爭開始
1805	第一次公開演出〈費黛里奧〉
1806	神聖羅馬帝國瓦解
	〈費黛里奧〉重新修改後，再度登臺演出
1807	貝多芬創作第五號交響曲（作品號 67）
1808	貝多芬完成 F 大調第六號交響曲〈田園〉（作品號 68）；
	初次演奏第五號交響曲與第六號交響曲
1809	法軍占領維也納
1810	貝多芬認識了貝蒂娜・布倫塔諾，或許也認識了她的嫂嫂安東妮・布倫塔諾
1812	貝多芬走訪特普利策，寫下「永遠的愛人」信件，
	並創作了 A 大調第七號交響曲（作品號 92）與第八號交響曲（作品號 93）
1813	第七號交響曲與〈威靈頓的勝利〉首次登臺演出
1814	〈費黛里奧〉重新編曲後再度演出，獲致前所未有的成功
	貝多芬的聽力惡化
1815	拿破崙戰敗
	貝多芬成為姪子卡爾的監護人
1816	貝多芬開始使用助聽筒
1818	貝多芬開始使用會話書
1823	貝多芬完成〈莊嚴彌撒〉
1824	D 小調第九號交響曲（作品號 125）與〈莊嚴彌撒〉首次演出
1826	貝多芬染上肺炎
1827	貝多芬於 3 月 26 日逝世

1700年的波昂。

Chapter 1

震慄之聲

「讓我們做對的事，竭盡全力達致不可能的目標，

盡我們所能發揮上帝賦予的才華，且永遠不要停止學習。」

——貝多芬

17 70 年 12 月寒冷的某一天，貝多芬出生了，他的母親在他出生後，待在屋頂覆滿皚皚白雪的狹小閣樓房間裡休息。戶外悄然無聲，唯有風吹過層層積雪，再吹向平緩的山丘，新生兒要面臨的世界瞬息萬變。

貝多芬家族住在歐洲神聖羅馬帝國的波昂鎮（今為德國繁華熱鬧的城市）的波昂大街。他們租下一棟房子的庭院房間。當時，歐洲凜冽的冬日時能聽聞令人震慄的消息。客廳窗外，人們談論遠方國家獨裁政體的式微與民主自由風氣的興起；而房子後院，則有從小房間躍動而出的和諧節奏。

　　小貝多芬的父親約翰與同樣名為路德維希的祖父，皆在科隆選帝侯的宮廷擔任樂師。科隆教區由大主教負責，為約瑟夫二世視事地方事務。祖父路德維希在多年前從比利時遷居波昂，如今他唯一的兒子約翰也是同一個宮廷的唱詩班成員。約翰也替有錢貴族的小孩上音樂課，儘管學生人數不多，但這筆多出來的錢，讓妻子瑪麗亞·瑪達琳娜以及小貝多芬的日子能夠好過一些。1767年，瑪麗亞二十一歲生日的前幾天，約翰和年紀輕輕就守寡的她結婚了。她的前夫和與兒子都早逝。

　　雖然有額外收入，約翰的薪水依舊入不敷出，不過祖父路德維希經常資助他們，尤其在以他為名的孫子小路德維希出生且順利活下來之後。其實路德維希是約翰夫妻第二個取這個名字的孩子，一年前，他們讓大兒子以路德維希·馬利為名受洗，不過他才出生六天就夭折了。因此，貝多芬的父母和祖父衷心期盼新生的路德維希能夠平安健康的長大。

　　出身於音樂世家，並不代表就具有音樂天分，不過這個家庭的新成員確實天賦異稟。約翰在貝多芬三歲時開始教他小提琴與大鍵琴這種鍵盤弦樂器，他因為個頭太小，必須站在木凳子上才搆得到鍵盤。約翰注意到兒子學得很快，似乎天生就是要走音樂這條路。

　　瑪麗亞溫柔、善良又有耐心，可是丈夫卻粗魯又嚴苛。約翰的脾氣很不好，經常流連當地酒吧，然後心情不好的醉醺醺回家。他會逼小路德維希練習好幾個小時，甚至在半夜把他叫醒上課。約翰知道15年前年僅六歲的音樂

貝多芬出生的房子，現為波昂貝多芬博物館。詹姆斯爵士拍攝。

工業革命

工業革命始於18世紀的英國,很快便遍及歐洲、北美,甚至全世界,人們開始使用蒸汽驅動的機器製造與運輸。隨著科技進步,西方國家從家庭經濟轉型為工業經濟。

蘇格蘭發明家瓦特改良了湯馬斯紐科門蒸汽機,進而促成蒸汽火車頭與蒸汽船以及許多功率更強大器械的發展。瓦特的改良不僅提升了蒸汽機的效率,亦使其變得更耐用。機器取代人力與獸力,成為工業革命時期主要的能源,讓磨坊與工廠能大量生產。

農業器械也有了全新發明。1788年,蘇格蘭人安德魯‧梅克勒為自己發明的打穀機申請專利,這種機器能讓穀粒與莖梗分離。農耕所需的大部分人力被機器取代,人們移往都市或工廠工作。工業革命讓農業社會轉型為以都會為中心的經濟型態。

打穀機,1881年《工業藝術辭典》

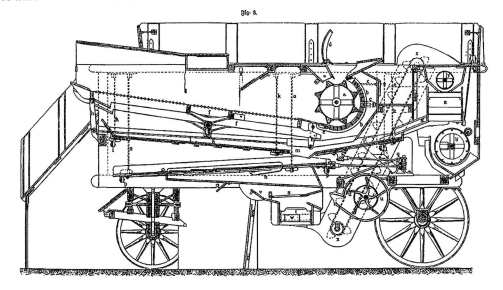

湯馬斯紐科門蒸汽機。取自《中學實用物理》(麥米倫出版社,1913年)

貝多芬的祖父，老路德維希‧范‧貝多芬。經聖荷西州立大學貝多芬研究布蘭特中心許可之復刻版

神童莫札特在歐洲進行巡迴演出，賺進大把鈔票，他非常篤定兒子也有這樣的天賦，希望能藉著兒子的才華，用同樣的方式大撈一筆，所以他非常嚴格的督促兒子。儘管父親吹毛求疵又這麼嚴厲的逼他練習，小路德維希依然熱愛音樂。

老路德維希在孫子三歲時離開人世；敬愛的祖父過世後，優異的音樂天賦成了貝多芬最大的心靈慰藉。小男孩總是隨身攜帶一張祖父的袖珍肖像，祖父也是他的教父。畫家雷歐波德‧拉杜筆下的老路德維希看起來嚴肅和善，穿著皮草大衣和天鵝絨長袍，用手指著一份樂譜。儘管貝多芬後來搬了好幾次家，他總是將這張珍貴的肖像帶在身邊。

貝多芬家族後來又多了好幾名成員，不過只有兩個兒子幸運活過嬰兒期，那就是尼可拉斯‧約翰與卡斯帕‧卡爾。貝多芬一家需要更大的生活空間，所以他們搬了很多次家，通常都是選擇位在波昂河邊低窪地區、租金比較便宜的住所。

貝多芬的童年正值歐洲政治、社會與經濟的轉型期，原本管理組織人民生活的那些舊有的社會傳統與政治體系逐漸潰散。由於動力機具取代手工器具，製造業取代了農業，就連波昂這種小鎮，工廠煙囪也四處林立。住在鄉下的居民開始搬進城鎮找工作，城市慢慢向外擴張，一個全新的勞工階級因此成型。當這股革命氛圍蔓延至整個歐洲大陸，在上位的統治者們都紛紛害怕自己的政權終有一天會被老百姓推翻。

製作角帖書與鵝毛筆

在貝多芬的年代，教室裡面沒有黑板，買書也是一筆大開銷，所以孩子們都用角帖書學習閱讀。為了讓課文頁面保持清潔，上面會覆蓋一片半透明的動物角片。手柄上穿了一個孔，讓學童可以把角帖書綁在腰帶上。鵝毛筆是用大型禽鳥羽毛製成的書寫工具，使用了好幾百年，直到木桿沾水筆取代了它。你也可以自製角帖書，放上自己喜愛的詩篇或短文。

材料：

◆ 23公分×28公分的厚紙板數張
◆ 工藝用品店買來的鵝毛或火雞毛
◆ 剪刀　◆ 一瓶深色墨水　◆ 便條紙
◆ 你喜歡或創作的詩句或短文
◆ 一張18公分×23大小的白紙
◆ 透明塑膠片或蠟光紙，約19公分×24公分
◆ 口紅膠或圖釘　◆ 打孔器

◆ 約25公分長的毛線或縫線

1. 在厚紙板上描出船槳形狀的圖案，大約20公分×25公分，接著把它剪下來。
2. 用剪刀將羽毛管尖端剪出V形。
3. 將鵝毛筆尖端浸入墨水中，並在便條紙上練習書寫。你可能得花點時間才會真正滿意自己使用鵝毛筆的成果。
4. 將詩或短文用鵝毛筆寫在18公分×23公分的白紙上。
5. 用膠水將紙頁固定在厚紙板的中央。
6. 將塑膠片或蠟光紙覆蓋上去，再利用口

紅膠或圖釘將它固定在厚紙板上。
7. 請大人替你在厚紙板的把柄處打洞，將毛線或縫線穿過孔洞，將線頭末端綁在一起，弄出一個圈圈，就可以將自製角帖書掛在手腕上了。

認識新世界

....

貝多芬六歲上小學，開始認識家以外的世界，他這才了解，原來自己出身寒微，跟那些鎮日搭乘華麗馬車蹓躂的貴族簡直是天差地遠。他還看過父親是如何對達官貴人鞠躬哈腰，與他們說話時又是如何的小心翼翼、畢恭畢敬。這些有錢人永遠穿著高雅美麗的手工訂製服。女士們穿著好看的衣裳、戴著別緻的帽子，牽著她們的小狗在波昂公園散步；戴著誇張灰白假髮的男士也總是一襲五彩繽紛的絲綢夾克。有錢人和窮人的生活方式有這麼大的差別，讓小男孩感覺非常不公平。他年紀雖小，卻對憑藉出身來判斷一個人的身分地位感到不以為然。

貝多芬在學校的表現平平，老師抱怨他對數字不在行，拼字更是一竅不通，他寫的字有如天書，根本看不懂。學生在教室使用「角帖書」，那是一種帶柄的小木片，上頭貼有課文，再用一層薄角片保護。可是貝多芬的角帖書總是髒汙不堪，課文紙頁也破損難辨。

放學回家後，貝多芬會花好幾個小時練習小提琴與大鍵琴。他熱愛樂器的觸感以及它們創造出來的美妙樂音，音樂讓他的課餘時間充滿喜樂愉悅。他特別喜歡從其他作曲家的作品中挑出一段主題加以改編，他的腦海中會出現很多關於這個短小的音樂素材（也就是作曲動機），要如何變化的想法。他如此年輕就具備過人的即興演奏天分，著實令人驚豔。

由於貝多芬需要練習樂器，通常沒什麼時間跟其他小朋友玩。他一定曾

拿著角版書的「康萍小姐」。《角版書歷史》，
安德魯度爾著，1661 年

經聽過同伴在庭院玩他們最愛的遊戲，例如蒙眼抓鬼。他的弟弟卡斯帕和約翰可以自由的出門，加入遊戲行列，然而貝多芬的玩伴，唯有音樂。

成名的美夢

1778年3月，約翰認為兒子準備好了，是時候開一場音樂會了，如果能像莫札特那樣獲得大眾的肯定，這麼一來就能有優渥的收入與成功的事業。約翰都計畫好了，他打算在大約24公里外的大城市科隆舉辦一場公開音樂會，父子倆搭乘驛馬車前往表演場地。約翰非常開心的與其他乘客聊天，甚至跟大家一起大聲唱著德國民謠。進城後，其中一名乘客介紹各個景點。貝多芬彷彿進了大觀園，原來科隆比波昂大這麼多！科隆恰巧位於遼闊的萊茵河畔，有非常多船隻與平

數百年來，操控歐洲藝術的都是有錢有勢的人。所有藝術家、作家與音樂家都是受統治階級或高階神職人員聘用或支持，有些來自皇室或貴族的女性也是活躍的贊助人，這種制度就是所謂的贊助制。贊助人可以自由選擇想要資助的藝術家，甚至可以要求對方創作特定的藝術題材。這種風氣嚴重扼殺了藝術創作自由，藝術家被視為贊助人的僕人，被期望能夠滿足贊助者的喜好和要求，這些有錢有權的贊助人，時常用藝術來彰顯自己在社會政治方面的企圖心。

在這種體制下，即使並非藝術家心之所願，他們確實創造出偉大的藝術和音樂作品。米開朗基羅偏好雕刻大理石雕像，卻被教宗要求為西斯汀教堂畫天花板的壁畫。他原本想要婉拒這項計畫，但也意識到這攸關未來的收入，只能答應，結果就此創造出

驚為天人的曠世巨作。

貝多芬被譽為第一位不完全倚賴贊助制的作曲家，就算在他聲名大噪之際，中產階級也有餘裕去觀賞他的音樂會或購買他的樂譜。不過貝多芬還是必須仰賴贊助人提供收入，他們時常會要求他創作特定的樂曲，但是因為他還有其他收入來源，他仍保有說不的自由。

貝多芬在學校沒有什麼朋友，有些小朋友對他很粗魯，還會嘲笑他的衣服很破爛又沒洗，或是嫌棄他的手和臉總是很髒。被同學譏諷嘲弄好幾次之後，貝多芬也懶得搭理他們了。他的母親建議，若是他時常面帶笑容，同學們會對他有所改觀，但小男孩不認為對這群人傻笑有任何意義，相反的，他嚴厲的回應母親，等到他成為有名的音樂家，沒有人會在乎他的裝扮，也不敢再這麼惡劣的對待他。

音樂小百科：何謂即興演奏？

即興演奏是一種音樂手法，雖然樂曲的旋律有所改變，還是能讓聽眾認出原有的樂曲，技巧高超的音樂家會運用豐富的想像力和創意進行即興演奏。大約從17世紀開始的三百年以來，世人都期待音樂家能擁有即興演奏的能力。早期的樂譜為演奏者留下許多發揮的空間，因為當時的樂曲並非由特定樂器演奏，也期望演奏者能夠為樂曲改良增色。

早期西方古典樂界，具有即興演奏的才華能夠得到較高的評價，而這項能力對現今的爵士樂手也是相當重要的。到了20世紀初，作曲家不喜歡其他音樂家改編自己的作品，即興演奏的風氣逐漸式微。現今，有許多實驗作曲家的作品都允許或需要即興演奏。

音樂家可以選擇許多即興演奏的技巧，例如，將主旋律稍做改變，或是創作出許多變奏曲，選擇的範圍可以從簡單的裝飾法——用裝飾音來裝飾音符，像是快速彈奏的倚音，它並沒有標注在原有的樂譜上，音符順序仍舊相同，曲調並不會因此而改變——並直接完成原本曲調的變奏曲。即興演奏就是作曲與演奏一氣呵成，無論是獨奏或團體演奏，都能展現出原創性和創造力。作曲家巴哈、莫札特、貝多芬以及李斯特，都是個中高手。

底貨船開過去，幾匹駿馬正在河邊圓石路踱步。前往旅舍的路上，驛馬車行經宏偉的科隆大教堂與一旁壯麗精緻的石砌建築。

貝多芬已經七歲了，可是他父親卻告訴音樂會宣傳稿的印刷廠商他兒子才六歲，傳單張貼在科隆的大街小巷，吸引許多人來觀賞演奏會。約翰認為這個「小小的謊言」能讓貝多芬在音樂會上受到重要人士的青睞，進而成為全歐洲音樂界的明日之星。由於父親說了謊，所以貝多芬始終不確定自己到底幾歲了。即使多年後他拿到一份自己在1770年12月17日受洗證書的影本，他仍然懷疑這個日期究竟是不是正確的。他告訴朋友，「我好像有個哥哥，他也叫路德維希……但是他夭折了。」

男孩知道自己必須表現得很完美，許多人坐在觀眾席上等著聆聽他的音樂，他可不能讓父親失望。他的小手一定很冰冷，父親督促他往前走。他靜下心，走到舞臺中央，開始演奏。

雖然貝多芬演奏得很棒，他卻察覺父親在回波昂的路上悶悶不樂。貝多芬坐在椅子上動都不敢動，頂多偶爾稍稍抬起頭，透過灰塵滿布的窗戶往外望去。音樂會結束的隔天，約翰的心情更差了，他對於自己的美夢無法成真感到非常失望，因為貝多芬並沒有被那些來聽音樂會的重要人士讚譽為神童。

鐵路與汽車普及之前，人們最常搭乘的交通工具就是馬車，它們會在驛站或馬車站之間的既定道路行駛。*Dreamstime* 圖庫

蒙眼抓鬼遊戲

這是18世紀德國孩童很喜歡玩的遊戲之一。

材料

◆ 六名以上的玩伴
◆ 一塊布，像是一條方巾或圍巾，用來蒙住雙眼
◆ 鈴鐺

1. 超過六個以上的遊戲成員，大家面對中心圍坐成一個圈圈。
2. 選出領袖以及被蒙上雙眼的「鬼」。
3. 領袖要替「鬼」蒙上眼睛，讓「鬼」站在圈圈中央轉三圈。
4. 領袖坐回圈圈的行列裡，將鈴鐺傳給下一位玩伴，大家輪流傳遞幾次。
5. 領袖指定一個人搖響鈴鐺。
6. 當「鬼」的人猜是誰在搖鈴鐺。
7. 要是猜對了，下一輪就換搖鈴鐺的人當「鬼」；如果猜錯了，就要繼續當「鬼」，直到猜對為止。

克里斯提安·戈特洛布·內弗。
貝多芬博物館,波昂

Chapter 2

新老師新氣象

「把美德引薦給你們的孩子，使他們幸福的是美德而非金錢，

這是我的經驗談；在苦難中支持著我的正是美德。」

——貝多芬，《海利根史塔特遺書》

約翰很快便意識到他無法再繼續教兒子音樂了，因為貝多芬的程度早已遠遠超越父親，約翰詢問過當地的宮廷管風琴師與音樂家，是否願意擔任貝多芬的音樂老師。貝多芬很喜歡這些老師教授的課程，尤其是鋼琴與管風琴。當時克里斯提安·戈特洛布·內弗初抵波昂，他是作曲家兼宮廷管風琴師兼指揮，準備為教區領袖科隆大主教工作，他也聽說了這位前途無量的年輕音樂家。1781 年，內弗正式成為貝多芬的老師。

哈布斯堡王朝

哈布斯堡王朝（或稱哈普斯堡王朝）是歐洲最重要顯赫的王室之一，數個世紀以來，神聖羅馬帝國的統治者皆是這個來自瑞士的高貴家族的成員。這個家族一共出了十九位皇帝，第一位是1273年即位的魯道夫一世，自此展開長達六百年的統治。到了16世紀，王位採取世襲制，代代相傳，並透過軍事擴張與政治聯姻，將歐洲大陸幾乎全都囊括在哈布斯堡帝國的版圖內。

當時由教宗加冕的皇帝會選出一批王室成員，也就是所謂的「諸侯」。16世紀時，哈布斯堡王朝分為兩個分支：一是統治包括荷蘭、義大利的西班牙王國，另一支則是統治德語系各國與匈牙利的神聖羅馬帝國。哈布斯堡帝國在三百年後崩解：義大利與德國脫離它的統治，其他地區的人民也極力爭取自由，渴望建立自己的國家。1918年第一次世界大戰結束後，奧地利共和國正式建立，就此結束哈布斯堡王室的統治。

哈布斯堡皇冠。*Dreamstime圖庫*

內弗到波昂三年後，原來的諸侯過世了，馬克西米利安大公成為科隆地區的新諸侯。這位大公是法國王后瑪麗‧安東尼以及神聖羅馬帝國兩位皇帝約瑟夫二世以及雷歐波德二世的兄弟。馬克西米利安很喜歡音樂，因此貝多芬的老師將學生帶進宮廷，介紹給大公認識。內弗告訴馬克西

奧地利大公馬克西米利安‧弗朗茲。

米利安，他希望這個年輕人能在自己不在波昂時擔任代理管風琴師，內弗還說服大公，讓大公指派貝多芬成為宮廷教堂的助理管風琴師。這讓貝多芬終於有機會在彌撒或宮廷聚會公開演奏管風琴。

內弗看出他的學生潛力無窮，他深信貝多芬會成為「莫札特第二」，每次向音樂出版商提起貝多芬，內弗總是對他和他無與倫比的才華讚不絕口。他甚至說服德國某音樂雜誌的編輯，在雜誌內刊登介紹這名年輕人，稱他「潛力十足的未來之星」，還說「他的彈奏技巧高超、充滿力道而且非常流暢……這位少年天才值得各界資助，讓他能到各國巡迴演出。若他堅持不懈，絕對會成為莫札特第二。」

此時的貝多芬開始進行創作，內弗知道他的創作功力與演奏實力不相上下。這位老師衷心希望高徒能在波昂以外的廣大世界一展長才。

以「德斯勒進行曲」為主題的 C 小調九段變奏曲。

第一次作曲

· · · · · · · · · · · · · · · ·

　　在內弗的協助與鼓勵之下，貝多芬在十三歲時發表了他的第一部作品：〈以「德斯勒進行曲」為主題的 C 小調九段變奏曲〉。進行發表表示人們可以購買他的作品並加以演奏，年輕的貝多芬終於可以賺錢了。這首曲子應該是在1782年完成的，因為出版商是在1783年發行的。男孩告訴老師，他深信有個繆思女神在他耳邊低語作曲的靈感。

　　緊接在第一部作品發表後，隔年，貝多芬發表了三首鋼琴奏鳴曲（奏鳴曲是多樂章的樂曲），並將這些奏鳴曲獻給大公。貝多芬向來很喜歡鋼琴——他能感受到雙手下的力量，見證其無限的可能。他的第一批作品都是為了鋼琴而創作出來的。在〈以「德斯勒進行曲」為主題的 C 小調九段變奏曲〉中，少年貝多芬運用簡單的進行曲加以變化，九首變奏曲都保有原來的旋律，但又加入新的意象替樂曲增添風采。奏鳴曲透露出他對鋼琴的喜愛，這些作品完成後多年，他持續進行修正，直至最終版本完成。

　　如今貝多芬的音樂世界又多了創作，但是他的家庭生活卻愈來愈艱困。1784年時，貝多芬家裡的經濟更顯拮据。約翰揮霍無度，將十一年前父親過世時留下來的遺產全部花光了。貝多芬身為長子，必須幫忙維持家計。但他那些作品與在宮廷演出的所得根本入不敷出，無法負擔母親、弟弟還有他自己的生活。

唱出你的變奏曲

年輕貝多芬的首次創作，是讓曲調出現九種不同的變奏，所謂變奏就是改變音樂主調，可以簡單變換，也可以繁複多樣。你也能以不同的方式，吟唱自己熟悉的曲子，創造自己的變奏曲。

你需要
◆ 朋友　◆ 網路
◆ 錄音裝置（如果你想要錄下自己的變奏曲。）

一開始，請唱出平日耳熟能詳的〈小星星〉。

變奏1：藉著讓某一個音符拉長或減少拍子，改變〈小星星〉的旋律。

變奏2：改變你唱歌的力度或音量，整首歌曲時而大聲或柔和。

變奏3：加入某些音樂裝飾，點綴原有的旋律，或許添加一個音符，例如顫音，也就是音程上在兩個相連音符間快速變換。

變奏4：請某人跟你一起唱。

變奏5：你與朋友共同唱這首歌，讓它成為輪唱曲。

若想了解更多變奏曲的例子，可以上YouTube搜尋莫札特的〈媽媽請聽我說〉十二段變奏曲〈小星星變奏曲〉。注意莫札特如何利用這首法國民謠創作自己的十二段變奏曲。

根據你聽到的，你又會如何創作自己的變奏曲呢？

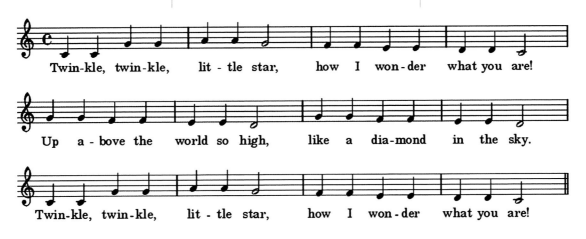

〈小星星〉

製作剪影畫

在照相技術發明之前，一般人會將自己的人像做成剪影畫（silhouette），也就是側面輪廓圖，18世紀時，一幅剪影畫要價比繪畫或雕像便宜許多。這種藝術形式的名稱源於法國財政部長Etienne de Silhouette的姓氏，他當時致力於減少國家支出，也把這種剪影畫當成興趣。

材料

◆ 一大張白紙
◆ 膠帶
◆ 一個朋友
◆ 一張椅子
◆ 明亮的光源，可以朝某特定方向照射（鵝頸燈是很好的選擇）
◆ 鉛筆
◆ 剪刀
◆ 白色鉛筆
◆ 一張黑色勞作紙　◆ 膠水
◆ 一張約22公分×28公分大小的白色勞作紙

1. 用膠帶將大張白紙貼到牆上。
2. 請朋友側坐在椅子上，靜止不動，讓光源將朋友的側影投射在白紙上，要確定包含脖子部位。
3. 調整光源，讓側面成像大小能夠符合22公分×28公分的勞作紙。

4. 你應該站起來，影子才不會擋住光源，接著用鉛筆在紙上描出側影輪廓。
5. 拿走牆上的白紙，用剪刀仔細裁剪出側影輪廓。
6. 用白色鉛筆在黑色勞作紙上描繪出裁剪好的輪廓，剪下剪影。
7. 在剪影背面塗滿膠水，再黏到白色勞作紙上，並擦掉多餘的膠水。

貝多芬十六歲時的剪影畫。*經聖荷西州立大學貝多芬研究布蘭特中心許可之復刻版。*

啟蒙時代

18世紀又被稱作「啟蒙時代」，因為這個時期許多思想家與哲學家都試圖用科學理性的方式來重新認識世界。例如科學家用前所未見的方法觀察研究並詮釋原理，哲學家也試圖用同樣的研究和解釋方式來了解人類在宇宙中的定位。啟蒙時代的思想家撰寫、教授並公開表示對政治體系、宗教信仰與藝術成就等方面的看法，書籍的普及以及識字率的提高，有助於將這些哲學家的思想傳播出去。

啟蒙時代思想家、美國開國元老之一的湯瑪斯‧潘恩，也把這時期稱做「理性時代」，因為科學觀察與事證取代了過去的無知與迷信。英國哲學家洛克也相信所有人都擁有「自然權利」，必須一視同仁的對待，他影響了許多政治哲學家與美國開國元老。傑佛遜在《獨立宣言》中運用了許多洛克的思想與論點，闡明所有人都被賦予「不可剝奪的權利，其中包括生命權、自由權與追求幸福的權利。」

法國哲學家盧梭也是啟蒙時代重要的思想家之一。他的著作《社會契約論》（1762年）強調人民與政府理應擔負的責任。他主張君權並非「神授」，亦認為人民必須建立一個平等對待公民的政府。

另一位法國哲學家弗朗索瓦一馬利‧阿魯埃，以他的風格、機智以及筆名伏爾泰出名，他強調理性重於迷信，宣揚必須改革社會、宗教、經濟、法律與政治制度，如此人民才能得到更大的自由。

啟蒙時代讓貝多芬等許多藝術家重新思考創作的價值，尋求表達自己的嶄新管道。

七十歲的伏爾泰肖像。
《哲學辭典》，伏爾泰，1843年。

認識新朋友

· · · · · · · · · · · · · · · ·

　　年紀漸長，貝多芬認識了幾位新朋友，其中一位是醫學院的學生韋格勒。他們在同一個小鎮長大，在他們建立起友誼之前，早就認識彼此多年了。弗朗茲介紹貝多芬認識海倫娜·馮·布勞寧女士，這位有涵養的和善寡婦很喜歡這個不按牌理出牌的少年。她聘請貝多芬當兩個孩子的鋼琴老師，也時常邀請他留在家裡過夜。她察覺到他不習慣與他人相處，相當孤單，而且她相信在他粗暴的行為下，其實隱藏著一個害怕脆弱的小男孩。布勞寧女士這麼對朋友解釋，「我們的工作就是要讓昆蟲遠離花朵。」

　　布勞寧一家人為十四歲的貝多芬敞開自家大門，讓他覺得自己是受歡迎的。布勞寧女士有四個孩子，愛蓮諾、克里斯托夫、史提芬與羅倫茲，貝多芬與史提芬後來成了一輩子的好朋友。這些孩子的父親很早就過世了，與他們同住的叔叔是一名教師，他會教孩子們文學，和他們討論世界局勢。布勞寧家的氣氛讓年輕的貝多芬開始對文學和政治產生了興趣。

　　在溫暖和善的布勞寧家，貝多芬可以暫時逃離自家每天要面對的問題與麻煩，當愛蓮諾與羅倫茲的鋼琴課結束後，他可以彈奏那架名貴的鋼琴，同時，貝多芬也觀察到這個富裕家庭所具有的上流社會親和舉止。在晚餐桌上，貝多芬有機會遇見許多受過高等教育、有文化的人士，以及有權勢的波昂貴族，從這些人的對話與交談中，他認識了德國文學、啟蒙運動與人民對政府改革的期許。他特別喜愛閱讀布勞寧家圖書室裡的詩集，不過他最喜歡

的還是晚餐桌上關於時局的熱烈討論。

　　韋格勒曾經寫道，在布勞寧家，貝多芬「馬上被接納為家族成員，許多的白天和夜晚他都待在那裡。」這個舒適又快樂的地方，與貝多芬自己的家有著天壤之別。1791年，貝多芬在寫給布勞寧女士的女兒愛蓮諾的信中表示，「我永遠不會忘記你與你親愛的母親。」

莫札特。國會圖書館LC-
USZ62-87246

Chapter 3

機會與動盪

「他不是人：他是惡魔，他用鋼琴把我們所有人彈得魂飛魄散。
他是多麼精通即興演奏啊！」
——音樂家葛林涅克描述貝多芬

1787 年，貝多芬十七歲，內弗認為他已經準備好拓展音樂素養，認識世界，他與教區諸侯討論資助貝多芬到德語主要文化之都維也納旅遊，馬克西米連認同對這個大有可為的年輕人來說是這個大好機會。貝多芬很期待到這個他早已嚮往許久的城市旅行，也希望能趁機認識有名的音樂家。內弗表示他會請貝多芬在波昂的贊助人提供幾套體面的服裝以及一些必要開銷零用。其中一位贊助人斐迪南·馮·華爾斯坦伯爵答應陪同這位年輕作曲家前往維也納，引介他與莫札特會面。

維也納是神聖羅馬帝國的首都，也是歐洲的音樂之都。這個城市可愛優雅，有筆直宏偉的大道，雅緻古典的建築夾道林立。有些街頭樂師會在路旁演奏，也有藝人在街頭表演木偶秀。多瑙河蜿蜒流經維也納再注入黑海。這裡的公園裡頭有散步小徑、沁涼噴泉、紀念碑和人物雕像。其中最大的普拉特公園是皇帝約瑟夫二世賞賜給民眾的，上流人士喜歡坐著他們的華麗馬車在公園散心，附近還有許多小餐館與咖啡廳。人們會坐在小桌子前色彩繽紛的軟墊椅子上，享用塗了厚厚的奶油又美味的維也納麵包，啜飲精美瓷杯裡濃烈的咖啡，上頭還撒了高級的巧克力薄片。貝多芬喜歡在普拉特公園散步，並在哈布斯堡家族宮殿周邊的大街小巷漫步。

多瑙河是歐洲第二大河，流經德國、奧地利、斯洛伐克、匈牙利、克羅埃西亞、塞爾維亞、保加利亞、羅馬尼亞、烏克蘭與摩爾多瓦。國會圖書館 LC-DIG-ppmsc-09768

與莫札特見面

貝多芬很高興能來到這麼美麗的城市，他相當期待在維也納的生活，他從帆布袋裡拿出他帶來的幾件衣物放進抽屜裡，或許當下他在仔細思索著該如何讓莫札特對他印象深刻，這麼一來，也許這位大師級的音樂家兼作曲家，願意收他為徒呢！貝多芬好希望母親（他總是喚她姆蒂）能夠因為他得到這

莫札特

莫札特於1756年出生於奧地利薩爾茲堡。他的父親雷歐波德為宮廷樂隊的專業樂師，也是一名音樂老師。莫札特三歲的時候只要用聽的，就能用鋼琴彈出整首曲子；六歲時已經在瑪麗亞・特蕾莎女皇御前演奏。莫札特的父親知道兒子在音樂方面有極大的天賦，一定能為家裡賺進大筆鈔票，因此他開始著手安排莫札特在全歐洲巡迴演出。

幼年莫札特在各地受到熱烈歡迎，大家都稱他是神童。視奏鋼琴譜對他來說是小菜一碟，而且無論給他什麼樣的主旋律，他都能夠用高超的技巧進行即興演奏，他還會拉小提琴與中提琴。雷歐波德盡其所能的替兒子安排音樂會行程，有時候莫札特得於同一天在宮廷演奏，接著參加貴族舉辦的私人音樂會，傍晚再來一場公開演奏，每一場演出時間都至少一個半小時。

莫札特二十五歲時搬到維也納，開始教授音樂，出版自己的作品，也舉辦音樂會。年輕的他揮霍無度，總是債臺高築。1782年，他不顧父親反對，與康絲坦茲・韋伯成婚，父子關係就此降到冰點，這是莫札特一生最大的夢魘。雷歐波德知道兒子不善理財，也不懂得怎麼跟別人相處，他寫給兒子的信中都是父親對兒子的建議與關懷，但莫札特通常都不將它們當作一回事。

莫札特所有具有影響力的作品都是古典時期音樂的代表作。莫札特在三十五歲的壯年猝逝，死因至今不明，他被埋葬在乞丐的墓園，但是確切地點沒有人知道。他非凡的音樂成就對許多後世音樂家影響深遠。

莫札特〈D小調安魂彌撒曲〉的演奏畫面。蓋著毛毯坐在椅子上的莫札特，在創作這首樂曲時病重，這也是他最後的作品。國會圖書館LC-USZ62-69168

維也納華爾滋

維也納華爾滋在18世紀的奧地利是非常受歡迎的一種社交舞，它是從義大利「沃爾塔」這種民族舞蹈發展而來，原意是「旋轉」。在德語系國家這種舞蹈後來被稱為「華爾滋」，這在德語有「滑步旋轉」之意。17世紀時，這種源自鄉間的舞蹈逐漸普及廣泛，連貴族也開始在他們富麗堂皇的大舞池優雅起舞。

有些人將華爾滋視為邪惡又不道德，因為它不像當時流行的其他舞蹈，例如小步舞曲或波蘭舞曲，舞者必須維持一臂之遙的距離，跳華爾滋時，兩人需要更親密的肢體接觸，男士要用手臂圈住舞伴，彼此要靠得非常近。此外，快速旋轉的舞步讓女士得拉起裙襬，才不會被絆倒，或被男伴踩到，言下之意，女士勢必要裸露腳踝，很多人認為這是極度粗鄙的行為。儘管不受認同，華爾滋依舊日漸普及，到了18世紀中期，由於貴族們對華爾滋的喜愛，使它成為正式舞會中的主要舞蹈。

19世紀有不少作曲家專精華爾滋舞曲的創作。約瑟夫·蘭納與約翰·史特勞斯二世便是以他們唯美的華爾滋舞曲而出名。到了現代，華爾滋有許多版本，包括美式華爾滋與國際華爾滋，但是許多華爾滋比賽或國標舞的參賽者，仍努力保留華爾滋的傳統。

樣難得的機會而開心。姆蒂會為他的成就感到驕傲，他會寫一封長長的信給她，鉅細靡遺的和她分享他在維也納的經歷，尤其是他與莫札特見面的細節，想必就連父親也會覺得很興奮，不用想也知道，他一定會向朋友和街坊鄰居吹噓，說他的大兒子就要成為莫札特的學生了！

莫札特。*國會圖書館LC-USZ62-87246*

跳一支維也納華爾滋

維也納華爾滋源於18世紀，是以一種奧地利民俗舞蹈為基礎。「華爾滋」的德文原意為「旋轉」，的確，這種舞步必須在舞池上不斷翩然滑行旋轉。

你需要

◆ 舞伴

◆ 維也納華爾滋舞曲的CD或MP3，如約翰·史特勞斯的〈藍色多瑙河〉

◆ 播放音樂的工具（如iPod、電腦或CD播放器）

注：YouTube上有許多不同版本的維也納華爾滋舞曲。

華爾滋的舞步為3/4拍，1、2、3拍。最普遍的舞步是所謂的「方塊步」，因為宛如在一個正方形中移動。

1. 一個人先帶舞；你與舞伴面對面，雙手交握。

2. 帶舞的人將右手放在對方的腰上。對方將左手放在帶舞者的右肩。

3. 雙方像在照鏡子一般，跳著相反的舞步。當兩人的腳步移動時，頭必須轉向同一個方向。

4. 舞者站直，數著舞步的節拍。

5. 方塊步分成兩個部分——往前進的半方塊與往後退的半方塊。每個半方塊有三步——前踏或後踏、側踏，以及雙腳靠攏的最後一步。

6. 帶舞者先從左腳開始，朝半方塊前進，接著後退；舞伴的動作則是相反，從右腳開始，朝半方塊後退，接著前進。

7. 兩人重複舞步，構成一個正方形。

8. 基本的方塊步有三拍——1、2、3；慢、快、快，重複兩次。

9. 熟練方塊步後，可以加入旋轉與花式舞步，只要保持柔和順暢的體態即可。

華爾滋的九個姿勢。《德國與法國華爾滋的正確舞步》，湯馬斯·威爾森著，1816年

製作奧地利蘋果鬆餅

奧地利鬆餅要用烤箱烤，無法使用平底煎鍋或平底鍋。

製作時大人必須在場監督。

材料

- 兩個9吋的圓形烤盤
- 1/4杯融化的牛油
- 4顆雞蛋
- 半茶匙的鹽
- 3/4杯的中筋麵粉
- 3/4杯的牛奶
- 將兩顆中等大小的蘋果去核，切成薄片。

- 1/4杯的砂糖
- 1/4茶匙的肉桂粉

1. 將烤箱預熱到400度。
2. 將烤盤底部與側邊塗上融化的奶油加以潤滑。
3. 把蛋、鹽、麵粉、牛奶與牛油放進碗裡攪拌均勻，直到麵糊滑順為止。
4. 將蘋果薄片平均分成兩部分，放進兩個烤盤，再平均倒入麵糊，蓋過蘋果。
5. 將砂糖與肉桂粉攪拌均勻，兩個烤盤各撒上兩茶匙。
6. 在烤箱烤20至25分鐘，直到鬆餅呈現金黃色即可。

此份食譜為四人份。

那是維也納的初春時節，貝多芬等不及要與莫札特見面。內弗很肯定莫札特只要聽了十六歲的貝多芬演奏之後，一定會要把他收為學生。貝多芬也知道這令人期待的計畫有可能生變，萬一莫札特不喜歡他的音樂怎麼辦？要是他在表演中出錯怎麼辦？或是他說錯話，惹重要人士生氣又該如何是好？父親曾經告誡他，「老天爺賞你兩隻耳朵，卻只給了你一張嘴，多聽少說準沒錯。」年輕貝多芬就這樣在這以藝術、文化、壯麗宮殿、美味甜點與盛大舞會聞名的美麗之都，靜靜等待。

貝多芬在莫札特面前演奏的過程並未留下可靠的文字記載，但我們知道這位年輕音樂家在即興創作方面的創造力和能力，確實讓莫札特大為驚豔，他因此說道：「關注這個年輕人，總有一天，他會讓世人津津樂道。」

來自波昂的一封信

　　貝多芬沒有再收到莫札特的邀請，也沒有聽聞莫札特要收他為徒，貝多芬竭力壓抑不耐，用其他事情來轉移注意力，周遭的美景確實讓他分心不少。年輕貝多芬喜歡品嘗美食，也喜歡長時間散步，兩者在維也納都可以獲得滿足。享用完美味豐盛的維也納早餐，像是蘋果鬆餅和白脫牛奶後，可以在寬闊的林蔭大道、圓石砌成的小徑以及狹小巷弄漫步，偶爾駐足欣賞擁有絕美庭園的宮殿、高聳尖塔的教堂以及怡人的公園綠地。

　　但是在這艱困的時刻，維也納迷人的聲光饗宴也難以讓貝多芬振奮心情。他最深沉的恐懼成真了：顯然莫札特對他沒有興趣，或許這輩子都是如此。難道這終究只是一場無望的白日夢？他應該放棄，還是想想別的辦法？他應該或是能夠怎麼做，才能再次吸引莫札特的注意，讓他成為莫札特的學生之一？懷著滿腹的懷疑和疑問，貝多芬回到了旅舍，卻收到一封意料之外的信。這封信是他父親寄來的，說他母親得了重病，時日不多了。姆蒂得了肺結核。「儘速趕回波昂，」這封信督促貝多芬，他立刻籌了旅費，趕回家鄉。

　　貝多芬對這次的維也納之行感到很失望，對家中的劇變更是驚惶，回波昂的一路上，他心神不定，每一公里都好漫長。他能及時趕回家見母親最後一面嗎？他走進早已愁雲慘霧的家。母親躺在羽毛床鋪上，顯得消瘦虛弱。貝多芬用他的大手執起母親瘦弱的手，祈禱她能早日康復，但是再也不可能

了。貝多芬的母親在1787年7月17日過世，她的死對貝多芬一家是沉重的打擊。幾年後，貝多芬寫信給一位波昂的朋友，「假使我還能呼喚那甜美的兩個字『媽媽』，並讓她聽到，我會是最快樂的人，可是現在我還能這樣叫誰呢？」

姆蒂的葬禮才剛結束，約翰便一頭栽進最近的酒館。妻子重病死去的打擊，讓他喝酒喝得更凶了。妻子離世不久後，他也丟了工作，他的大兒子如今得一肩扛起家計，負擔兩個弟弟卡斯帕和約翰的生活開銷。貝多芬去找他的老師，說明這樣的情況。內弗讓他繼續擔任管風琴師，並讓他在劇院樂隊拉中提琴。貝多芬依舊在波昂教學生，但他的收入不夠撐起整個家。才十七歲的他，必須請教區諸侯認同他是戶長，並付給他高於父親一倍半的薪水，如此一來他們才能生存下去。諸侯答應他的請求了。

法國大革命開始

姆蒂過世兩年後，貝多芬一家人的經濟狀況終於穩定下來，十九歲的貝多芬開始思考自己教育不足的問題。貝多芬喜歡在布勞寧家的圖書室閱讀文學作品，他也開始到波昂大學進修幾門文學課。這些課程著重於幾位德國文學大家，例如都是以哲學及詩為名的歌德與席勒。席勒的史詩〈歡樂頌〉，旨在頌揚人類的友愛與團結，深深觸動了貝多芬的心。

貝多芬聽說1789年7月14日在法國巴黎有許多人攻擊巴士底監獄，這座古

崩毀之前的巴士底監獄。馬可斯・卡爾提供

老的監獄專門關押政治犯。攻占這座銅牆鐵壁的堡壘，是人民對獨裁君主制怨懟憤恨的結果，法國大革命就此展開，法國民眾起而要求自由的決心與行動，讓貝多芬深感振奮和感動。他們激勵人心的座右銘迫切渴求「自由、平等、博愛」，深深影響了依舊處於鐵腕統治下的人民。

空閒之餘，貝多芬會走到波昂市集的書店兼小酒館，有許多受過高等教育的人聚集在那裡，談論爭辯重要的哲學思想。貝多芬喜歡聽這些慷慨激昂的言論。有幾次他也加入討論，大膽提出他對世人自由平等的想法。深夜走回家的路上，他會思考辯論者的談話內容以及歐洲當下的政治局勢。貝多芬堅信在這個世界上，法律之前人人都享有自由平等；當時歐洲風雨欲來的改革氛圍深深影響了他。

法國大革命

在歐洲社會，一個人的地位取決於他的出身。錦衣玉食、管理眾人的貴族屬於最高階層。次一級的是神職人員；大部分的平民百姓都屬於社會階級的最底層，不具有任何權力。在法國，這就是所謂的「三級」。

18世紀末期，法國面臨財政危機，人民都在挨餓，部分法國人民深信保留部分的制度，社會現況就能改善。力求改革的路易十六、貴族與神職人員同意召開三級會議，參加者有貴族、神職人員以及人民代表。三級會議於1789年5月召開，第三級代表控訴他們必須擁有更多選票，因為他們代表絕大多數人。令人沮喪的是，這個要求並未獲得同意，於是他們很快便脫離三級會議，成立國民議會。

由下而上的改革聲浪傳開之後，社會情勢愈見緊繃，當農民得知惡名昭彰的巴士底監獄遭受攻擊時，他們確信社會變動迫在眉睫。1789年夏天，數以萬計的農民燒毀農田，攻擊象徵壓迫人民的貴族莊園。他們要求立刻制定保障全體人民的憲法。在夏天結束以前，國民議會頒布《人權宣言》，主張法國民眾擁有基本權利，但法案內容並不保障婦女，也沒有廢除奴隸制。四年後，1793年，路易十六上了斷頭臺，法國的君主制就此結束。法國社會經過一段重整期，封建稅收被廢除，往後，一個人的社會地位通常取決於此人的能力，而非出身。

皇帝約瑟夫二世。馬可斯・卡爾提供

1790年，貝多芬二十歲時，身兼神聖羅馬帝國與奧地利皇帝的約瑟夫二世駕崩，他被視為開明、公正的統治者，他廢除「農奴制度」，農民不屬於地主的財產，並提倡宗教改革。貝多芬接受請託，創作皇帝追思會的樂曲。藉由贊助這場追思會的波昂讀書會成員提供的詩句，貝多芬創作了一首供管弦樂隊、獨唱者和合唱團的作品。這部清唱劇（獨唱或合唱的樂曲，有樂器伴奏）展現了貝多芬掌握旋律的技巧和充沛的活力，但不知為何，〈皇帝約瑟夫二世葬禮清唱劇〉並沒有在典禮上演出。有些學者表示這是因為曲子的技巧太困難，其他學者則認為曲子太長，沒有足夠的時間可以彩排練習。

繼位的皇帝在位不到兩年，就由兒子法蘭西斯二世接任，這位新君主一點也不開明，疑心病很重，凡異議者都被他視為眼中釘。法國大革命及其所宣揚的人道主義把他嚇壞了，他最怕的就是政治改革會奪走他的權力。啟蒙時代的理想也讓他憂心忡忡，他因此制定了嚴刑峻法，不讓臣民有任何反動機會。法蘭西斯二世認定貝多芬對自由平等的主張過度激進，還說：「那傢伙的音樂充滿革命思想。」

一年又一年過去了，貝多芬的世界正在拓展，波昂民眾會聆聽也喜愛他的作品與演出。透過布勞寧家族，他認識了幾位有權有錢的人士，他們都很樂意資助他，華爾斯坦伯爵與老師內弗也不斷鼓勵他。少年貝多芬如今已經成年，人生愈見光明願景，他也滿心期待未來。

音樂小百科：何謂「作品號」？

「作品號」的原文「opus」源自拉丁文，代表「作品」，縮寫為「op.」，而「no.」是「數字（number）」的縮寫。17世紀，樂譜出版商與作曲家開始使用作品號區分音樂作品，通常是以作品完成的時間依序排列，但偶爾也有例外，是以作品出版發行的時間為主。舉例來說，op.1可能代表作曲家第一部發表的作品。貝多芬有些早期的作品完全沒有作品號，是用縮寫WoO來標號，德文原意是指「沒有作品號（without opus number）」。

假如一些作品在同一時間出版，它們會有自己的作品號，有時還會有第二個數字，代表作品印刷付梓的時間。例如，貝多芬的鋼琴協奏曲（某一樂器與樂隊共同演出，或獨自演奏）便是由出版商定下作品號：作品號第一首為降E大調鋼琴三重奏，第二首為G大調鋼琴三重奏，第三首則是C小調鋼琴三重奏。三首協奏曲都在同時出版，一到三的順序則是按照印刷的時間先後。沒有出版的作品通常不會有作品號，貝多芬寫了一百三十八件有作品號的作品；沒有作品號的作品就被列名為WoO。

約瑟夫·海頓。《兩百
位日耳曼名人》，貝賀斯坦著，
1854年；馬可斯·卡爾提供

Chapter 4

在維也納闖出名聲

「如果你想知道自己寫出來的東西值不值得流傳千古，
只要自己清唱一段，就一切了然。」
——海頓

1792 年 7 月，知名作曲家約瑟夫‧海頓前往倫敦的路上，行經波昂。全歐洲都認識這位大名鼎鼎的音樂家，也很喜愛他的作品，他的作品氣勢磅礴，結構優美，讓他素有「交響曲之父」的美譽。交響曲是分成好幾個「樂章」，由管弦樂隊演奏的大型音樂作品。海頓的創作向來節奏明快，動感十足。終其一生，他創作的交響曲多達一百多首，每一首都經過縝密的安排且結構和諧。

約瑟夫・海頓。《兩百位日耳曼名人》，貝賀斯坦著，1854年；馬可斯・卡爾提供

雖然許多人以為海頓和莫札特是針鋒相對的勁敵，但其實他們是朋友，莫札特在前一年12月不幸英年早逝的消息，令海頓倍感震驚難過。莫札特經常提及自己是如何從海頓那裡學習撰寫弦樂四重奏，更常常稱海頓是自己的老師。這兩位作曲家事實上是惺惺相惜的。莫札特過世後，海頓寫道：「幾乎沒有人能與偉大的莫札特比擬……如果我能讓熟悉音樂的諸位好友了解，尤其是地位崇高的大人物，我想讓大家知道，莫札特的作品無人能出其右。它們的深刻、巧思與敏銳，堪稱頂尖之作！」海頓也曾告訴莫札特的父親，「我認為令郎是我所知道最偉大的作曲家。」

海頓在波昂稍事停留，鎮上所有重要人士都來一睹他的風采。貝多芬的贊助人之一意識到這是向這位年長音樂家推薦貝多芬的大好時機。他帶了貝多芬的作品，求見名聞遐邇的作曲家，幾句客套寒暄之後，貝多芬的贊助者遞給海頓〈國王約瑟夫二世葬禮清唱劇〉的副本。這位知名作曲家仔細端詳這份手稿。

「這是誰寫的？」他問。「寫得非常好。」

贊助人解釋這是波昂一位年輕人近期才完成的清唱劇作品。海頓大為讚嘆，立刻邀請貝多芬到維也納當他的學生。贊助人等不及要告訴貝多芬這個絕佳機會，他立刻去見貝多芬，通知他這天大的好消息。

離開波昂

海頓的邀請令貝多芬非常驚訝，然而對於這個絕佳的機會，他卻感到喜憂參半。他思考了一段時間，這才同意離開家人到維也納。這五年來，貝多芬照顧著弟弟們，不過如今他們就快要成年了，也有了自己的工作。卡斯帕是一名樂師，約翰也在一名藥劑師手下工作當學徒，至於父親，貝多芬知道無論如何都無法改變或改善父親的人生。眼前他有機會能搬到充滿藝術氣息的大城市，這是二十二歲的他在家鄉永遠也見不到的契機。

他決定放手一搏，問題是前往維也納的旅費以及隨之而來的學費沒有著落，而且光靠他的一己之力是不可能的。幸運的是，聽說海頓的邀約後，五年前曾經陪同貝多芬

海頓

海頓出生於1732年奧地利的一處村莊，父親是馬車車輪工匠，母親曾在宮廷擔任廚師，海頓是他們的第二個孩子。當他的父母發現他有優異的音樂天分後，立刻聯絡在海恩堡擔任校長和唱詩班指揮的親戚。這位親戚讓六歲的海頓進學校學習小提琴與大鍵琴，海頓也加入教堂的唱詩班，受到樂長，或稱其唱詩班主任的注意，對方將海頓帶到維也納，在自己的唱詩班唱歌。

1760年，海頓受雇於匈牙利王子艾斯特哈基，不久之後，他成為宮廷管弦樂隊的指揮，這個職位他擔任了近三十多年，期間，他為了慶典、教堂儀式與音樂會創作音樂作品，並在皇宮演出。在他為艾斯特哈基家族工作的這段時間，他

創作了六十首交響曲、三十首、十一部歌劇，以及許多其他音樂作品。

1795年海頓回到維也納，開始著手創作幾部大型合唱神劇，其中〈創世紀〉與〈四季〉被視為他生平最後兩部經典巨作。海頓的幽默感從他的第94號交響曲〈驚愕〉可見一斑，第二樂章突然響起意料之外又大聲的和音，把觀眾嚇了好大一跳，另外，第101號交響曲〈時鐘〉，也在第二樂章出現時鐘的滴答聲。

1808年，海頓在演出〈創世紀〉後突然倒下，當他被抬出音樂廳時，貝多芬趕到他身旁，親吻他的雙手。一年後海頓過世了，在他的追思會上，演奏的是莫札特的〈安魂曲〉。

寫一封介紹信

　　華爾斯坦伯爵為貝多芬寫的介紹信，替貝多芬在維也納的發展鋪了路。介紹信是向他人介紹你或是其他人的正式信函，這等於是「臨門一腳」，在求職或建立人脈關係時，能發揮很大的效用。你可以試著寫一封自己、朋友或兄弟姊妹的介紹信，交給某位可能的雇主（也許是鄰居或父母的朋友）向他們求職，例如替他們照顧小孩或整理花園。

材料
◆ 草稿紙　◆ 筆　◆ 文具用品
◆ 電腦或印表機（有或沒有都無所謂）

　　在草稿紙上，寫下你本人或你要介紹的人的重要特質：
◆ 如果不是你本人，你是如何認識對方的？
◆ 此人的強項
◆ 此人的年紀、在學校的成績
◆ 此人的興趣、嗜好、最擅長的科目
◆ 之前的相關經驗，例如照顧年幼的親戚、整理家中庭院、整理學校花園或曾經從事的其他工作或家事等等
◆ 對方曾經上過的相關課程，例如急救訓練、保母課程或園藝課
◆ 讚美此人的文辭

　　先從日期、你的地址與寒暄語開始，接下來，用剛才的提示撰寫介紹信，提供此人的可信背景，美言幾句，內容不要寫得太長，兩、三段就可以了。最後記得寫上你的名字，並在後面加上「謹致」二字。

　　如果你是用電腦打字，記得介紹信列印出來後要簽上大名。

（日期）
（你的居住地址、郵遞區號）
敬啟者：

　　此信是要介紹準備到貴公司應徵營隊助理顧問的瑪琳・瓊斯。瑪琳現年十二歲，就讀七年級，她的成績名列前茅，每年都能登上榮譽榜，中學時還是班上的副班長。

　　瑪琳和我是將近九年的鄰居了，她經常邀請我與姊妹到她家玩。我們喜歡去她家，因為她養了許多寵物，有雪貂以及一隻大狗。她家還有很多有趣的遊戲與手工藝玩具。

　　瑪琳很有創造力，喜歡自己動手做，她會彈鋼琴，也會畫畫，還會編織。去年有一天她本來想教我打毛線，但我總是漏針，可是她很有耐心，也是一位好老師。我想她一定能勝任營隊助理顧問的工作。

愛德芮・史密斯　謹致

首度前往維也納的華爾斯坦伯爵，再一次自願資助貝多芬返回維也納。

　　冷冽11月的某一天，貝多芬有許多朋友與仰慕者前來送行，祝他一帆風順。他將伯爵寫的介紹信放在帆布袋中帶著，信中的最後幾句話是：「你努力不懈，終將從海頓的雙手心領神會莫札特的真髓。你的好友華爾斯坦。」這封珍貴的介紹信使得貝多芬與重要人士有了聯繫。

　　伯爵也成立了基金，讓貝多芬能負擔前往維也納的馬車旅費，以及抵達後的開銷。當時遠赴外地極為危險，新的法國政權對奧地利宣戰，雙方軍隊已經節節進逼。法國軍隊在貝多芬踏上馬車時，已經抵達萊茵河岸，乘客對即將到來、令人恐懼的戰爭都感到非常焦慮。幸運的是，大家平安抵達維也納了。

　　到達維也納的幾個星期後，貝多芬收到弟弟們的來信，告訴他父親過世了。聽到這個消息，貝多芬悲痛萬分，但他也安慰自己他已經對家人盡心盡力，沒有遺憾了。雖然弟弟們找到很好的工作出路，但貝多芬決定，如果他在維也納一切順遂，他會不時寄錢回去幫助他們。

海頓與貝多芬不合

　　貝多芬就這麼成為海頓的學生，然而兩人在年紀與個性上的巨大差異，很快就反映在彼此的關係上。海頓注意到這個年輕學生總是邋遢骯髒，似乎一點也不在乎自己的外表，他的衣著不正式，常常都是又髒又皺，他的頭髮

很長，好像也沒有好好梳過。有這樣漫不經心的學生讓海頓很困擾，因為他向來把自己打點得很好，穿著時髦的服裝、沒有髒汙的絲綢長襪，搭配雅緻的皮鞋，頭上頂著撒上香粉的假髮。但這位老師也知道這個難搞的學生才華洋溢、心地善良、天資聰穎。有一次貝多芬請海頓評論他的作品和他這個人，海頓說道：「你像是長了很多顆腦袋，心臟也不只一顆，還擁有許多不一樣的靈魂。」

海頓也看不過去貝多芬過於自我的態度和壞脾氣。海頓覺得貝多芬耐性不足，蠻不講理，似乎不在乎也無法理解他還有其他學生要教、有樂曲要創作，還得準備音樂會。大部分的學生都稱海頓是「海頓老爹」，能在海頓門下學習，這些人總是深感榮耀。可是海頓老是覺得貝多芬語氣惡劣、笑聲太大。然而這位年輕人顯然停不下來，不願意好好接受海頓早已倍受世人肯定、簡單明確的指導方針及睿智的忠告建議。年長老師常常想像自己拉著貝多芬的一頭亂髮，要他去找其他作曲家當老師。海頓相信貝多芬完全不會花功夫討好自己，或是任何人。

貝多芬很快就知道海頓無法給予自己應得的注意，他還說從這位老師身上「沒有得到自己應得或期望中的卓越知識。」師生兩人時常意見相左，他們大聲的爭執聲會產生回音，在建築物的轉角和走廊都聽得一清二楚。貝多芬很不高興海頓給他的時間少之又少，更甚者，他不喜歡海頓嚴格又僵化的教學方式。海頓在課程中不斷強調對位法（對位旋律）的重要性，持續讓學生練習這方面的創作，貝多芬卻認為對位法得到過度評價，是過去巴洛克時期留下的累贅。海頓還堅持貝多芬必須研讀前輩的作品，而不是一直想著要

自己創作，但貝多芬卻覺得日復一日重複這些相同又沒有意義的練習和方法根本起不了太大的作用。

　　收貝多芬為徒一年後，海頓宣布他要離開維也納，前往倫敦。為此，海頓聯繫了維也納其他知名音樂家，希望他們能收貝多芬為徒。大家都很樂意當這位優秀年輕人的老師。貝多芬也希望與海頓好聚好散。貝多芬在他的筆記本上寫道，海頓離開之前，他帶海頓到一家小餐館吃巧克力、喝咖啡。

　　隨著海頓去了英國，貝多芬開始上理論音樂家暨作曲家約翰・格奧爾格・阿爾布萊希茨貝格的課，一星期三次。阿爾布萊希茨貝格也提過他的新學生很頑固，寧可從經驗中學習，也不願意多接受他的指導。這段時期的音樂創作必須遵從明確嚴格的規定，貝多芬卻不顧這些傳統方式，或根本扭轉它們的內容，以符合他自己的想法。他了解老師們教授他的那些既定準則，但他卻認為過度陳腐僵硬。阿爾布萊希茨貝格要求他注重細節，但他的學生卻不斷突破，推陳出新。

阿爾布萊希茨貝格。*經聖荷西州立大學貝多芬研究布蘭特中心許可之復刻版*

貝多芬與貴族

　　貝多芬喜歡來自統治階級成員的關注，並經常參加他們在華麗宅邸舉辦的音樂會，稱做「沙龍」。這位作曲家期待上流社會的人能平等的對待他。他是這麼解釋自己的想法：「與貴族往來是件好事，但首先必須要讓他們尊重你。」這種意圖也讓貝多芬誤導他人對他的看法。德文名字中的「馮」

貝多芬的贊助人

在波昂，貝多芬的第一位贊助者是醉心於藝術的奧地利貴族華爾斯坦伯爵。伯爵資助貝多芬回到維也納，並確保他在那裡能遇到對他未來的音樂生涯有所幫助的人。貝多芬的另一位早期贊助者是科隆諸侯馬克西米利安，他是法國瑪麗‧安東尼皇后的兄弟。貝多芬曾在馬克西米利安的管弦樂隊演出，馬克西米利安也是邀請海頓到波昂的關鍵人物。

魯道夫大公是雷歐波德二世最小的兒子，貝多芬曾經是他的鋼琴與作曲老師。大公讓貝多芬的一些作品在宮廷演出，也與貝多芬保持密切聯繫。兩人的友誼持續了多年。

1805年，貝多芬在一封信中稱呼卡爾‧林區諾瓦斯基王子是「我最忠實的好友之一，也是對我的音樂事業最忠貞的贊助人。」貝多芬到了維也納之後，這位熱愛音樂的王子讓他住進自己的宮殿，提供他優渥的年薪長達六年之久。但當貝多芬拒絕在林區諾瓦斯基王子的宮殿中演奏給來參訪的法國官員聽時，兩人的關係逐漸惡化了。

洛伯科維茨王子的宮廷沙龍非常寬敞，足以容納整個管弦樂隊，而且他還親力管理樂隊事務。由於他是華爾斯坦伯爵的好友，他也多年贊助貝多芬的年薪，直到與法國作戰之後，王子破產，離開了維也納。

貝多芬經常將自己的作品獻給這些贊助人，但他特立獨行的態度卻經常惹來麻煩，不過許多贊助人都甘願忽略他難搞的個性，因為他們知道他的音樂作品與成就都是上乘。貝多芬也需要這些贊助人拓展他的職業生涯，在他能自力更生之前，持續不輟的資助他。

（von）表示此人為貴族，但貝多芬姓氏中的「范」（van）卻完全與出身無關，這個佛萊明語的字眼不過代表「來自某地」罷了，但貝多芬從未澄清這一點，反而將錯就錯，讓不少人以為他也有高貴出身。

貴族熱愛貝多芬雷霆萬鈞的音樂演出，也因此成為他的贊助人或學生。貝多芬將許多作品獻給這些一路支持他的贊助人。不過也有些人不欣賞他直率粗魯的說話方式，以及他暴躁的脾氣，這讓他感到沮喪不開心。有一次某位貴族前來參加沙龍音樂會，在貝多芬進行某一段演奏時，他一直在跟別人聊天，貝多芬中止演奏，站了起來，大聲說道：「我不要對豬彈琴！」然後憤怒的邁開大步走了出去。

林區諾瓦斯基王子是當時維也納最重要的藝術贊助人之一，貝多芬一抵達維也納，他就提供自家宅邸的

一間房間給貝多芬使用。王子夫婦邀請年輕音樂家在他們每週五的音樂沙龍演出，給了貝多芬機會見到有錢有勢的人們。不過和皇室夫婦同住就必須注重服裝的清潔，打扮要適當，得準時用餐，行為要合宜得體，貝多芬對這一切感到非常不耐煩，連帶影響了他的情緒，所以他總是顯得暴躁憤怒。他不喜歡迎合這群貴族的要求，也不願遵從既定的社交禮儀，他曾經告訴朋友韋格勒，「難道我就應該要每天三點半回家，換上乾淨衣服，刮好鬍子嗎？我才受不了呢！」

不久後，貝多芬決定從贊助人的宅邸搬出來，自己找地方住，但他只負擔得起一間小房間。除此之外，他還得自行添購家具、碗盤、寢具，還需要一架鋼琴，儘管有贊助人的資助，他依舊入不敷出，金錢成了他的隱憂，不過至少現在他自由了。

貝多芬參加許多鋼琴比賽，這些比賽只注重獲勝的榮耀，並沒有提供獎金。貝多芬是比賽中的常勝軍，因為他有傑出的即興技巧，能夠以主旋律為基礎，創作出許多不一樣的旋律變奏，在這個時期，音樂家若具有即興創作的才華，會被廣為稱讚。貝多芬曾在一場有名的音樂大賽中對上亞伯·約瑟夫·葛林涅克，此人自己找上年輕的貝多芬挑戰。比賽之後，葛林涅克告訴貝多芬的一位學生徹爾尼，貝多芬「在鋼琴上展現的難度與成就，遠超過我們所企及。」

18世紀接近尾聲之際，歐洲社會秩序急劇變遷。商人與專業人士階級也有能力享受娛樂活動，並開始購買樂器、用這些樂器來演奏的樂譜與公開音樂會的門票，這成為非常流行的娛樂方式，音樂家與藝術家因此不再需要完

亞伯‧約瑟夫‧葛林涅克。經聖荷西州立大學貝多芬研究布蘭特中心許可之復刻版

全仰賴富裕的贊助人提供收入來源。貝多芬的音樂人人趨之若鶩；事實上，他正逐步成為名人。大約這個時候，貝多芬寫信給好友韋格勒，「我寫的曲子替我賺進不少鈔票，甚至讓我應接不暇了。」出版商爭相印刷販賣貝多芬的作品，貝多芬舉辦了許多場音樂會，還擁有不少贊助人——他的財務狀況的確改善許多。

1795年，二十五年老字號的出版商為貝多芬出版了三首有作品號的鋼琴協奏曲，作品號1第一首為降E大調鋼琴三重奏，第二首為G大調鋼琴三重奏，第三首為C小調鋼琴三重奏。這三首協奏曲都是要獻給林區諾瓦斯基王子的，他最近才決定繼續當贊助人，每年提供六百弗羅林的零用金給貝多芬，這是一筆相當大的金額。

林區諾瓦斯基王子是貝多芬最主要也是最有力的贊助人之一，他本身也是優秀的業餘音樂家，很喜歡參與室內音樂會的演出。林區諾瓦斯基王子當時忙著替貝多芬安排一場巡迴歐洲大城如柏林、布拉格、德勒斯登與來比錫的演出，幾年前，王子也曾為莫札特安排類似的活動。在這些歐洲的主要大城市中，貝多芬將會在貴族與平民面前演奏。

貝多芬很高興在進行巡迴演出時，還有時間創作音樂，他將兩首大提琴奏鳴曲獻給普魯士國王腓特烈‧威廉二世，因為這位國王賞賜他一小箱金幣。這次巡迴演出非常成功，貝多芬被譽為「巨匠」，意指「擁有非凡能力的人」。他知道這幾場音樂會讓他「賺了許多錢」，回到維也納之後，他終於能搬進屬於自己的公寓了。

製作貝多芬音樂CD的封面

CD封面能提供音樂內容的相關資訊，豐富精美的封面會吸引人們購買並聆聽其中的音樂。你可以嘗試親手設計貝多芬的CD封面，如果需要靈感，你可以在製作CD封面時，聽聽你選擇的那一部作品。

材料

◆ 貝多芬的音樂CD
◆ 聽音樂的工具（如iPod、電腦或CD播放器）
◆ 鉛筆　◆ 幾張草稿紙
◆ 剪刀　◆ 一張書面紙
◆ 尺　◆ 彩色麥克筆或顏料

1. 聆聽你選擇的CD數次。在聽這個音樂的時候，你聯想到了什麼？你認為什麼圖樣會讓其他人也想聽這個音樂？一架鋼琴或是其他樂器？音符？貝多芬的照片？或許是更抽象的東西？
2. 在草稿紙上用鉛筆畫出你聯想到的圖像，直到你滿意為止。
3. 試著用一些有趣的字型撰寫CD的資訊。
4. 想想看什麼顏色最能展現此CD音樂。
5. 決定最後的圖像要如何呈現。作品名稱、作曲者、樂隊與指揮的名字要放置在何處？
6. 一旦完成設計草圖，將書面紙剪成約13公分×11公分的長方形；這就是你的CD封面。
7. 將你的設計轉移到CD封面上。
8. 先用尺與鉛筆在你要寫字的地方畫線，接著寫上內容，再用鉛筆把你設計的圖案再畫一次。
9. 用麥克筆或顏料上色。
10. 把你新設計的封面放進CD匣，蓋過原有的封面。現在，這張CD真正屬於你的了！

音樂建築師

　　貝多芬用筆記本記錄他的樂思靈感，猶如建築師的設計藍圖。他用心擬出想法思緒，仔細塑造每一部分，終至作品完成。他的筆記能夠證明這位作曲家是如何實驗他的想法是否可行。他會從一串音符開始，讓它們成為和弦的基礎，幾乎每一個小節（五線譜上兩條垂直線之間固定的拍子）都會不斷重寫修改，儘管他已經在腦海中聽到完整的樂曲，但在將它們寫在紙上前，他仍會長時間的更動修正音樂與管弦樂法，直到他覺得完美為止。

　　貝多芬曾經向音樂家路易斯・施洛塞爾解釋自己的創意思考過程：

　　在我把思緒靈感寫下來之前，它會長時間跟隨著我，通常是非常長的一段時間，同時，我的記憶力也對我非常忠誠，所以我很確定我不會忘記，甚至經過多年，我也不會遺忘曾經出現在我腦海中的旋律。我總是不斷更改、剔除與再次嘗試，直到我滿意為止。除此之外，儘管我的腦子天馬行空，出現過五花八門的想法，但只要我知道自己想要什麼，基本的概念從來沒有背離我，它會在我面前萌芽、成長，讓我能看見並聽見全盤的畫面，彷彿雕像般矗立在我心中，我唯一能做的就是把它寫下來，一旦我有時間，在我其他工作讓我有閒暇之餘，我就會盡快將它完成，但我絕對不會讓其他工作影響到我的創作。

　　你也許會問我的靈感從何而來，我也沒有一個明確的答案；它們有時直

接或間接的天外飛來一筆，我彷彿能用雙手在空氣中一把抓住；或在森林散步時；或在靜謐深夜中；或在清晨時分；或被詩人的文句激勵，讓我想要將那些在我腦海翻騰鏗鏘的文字轉化成一個個音符。

可惜由於貝多芬不斷記錄又重寫的創作方式，他的記譜法草率又難以解讀，他的弟弟卡斯帕才剛搬到維也納，便仔細將他的手稿謄寫交給出版商。有音樂家弟弟的協助，對貝多芬大有益處，他很高興弟弟能在身邊。然而，當貝多芬發現弟弟將自己的幾首樂曲賣給出版商，還謊稱這是貝多芬的作品後，貝多芬大發雷霆。這樣的欺騙導致兄弟倆發生多次激烈的爭執，幾乎形同水火。

各家出版商競相要取得貝多芬作品的發行權。貝多芬三十一歲時這麼寫道，「有六、七位出版商想發行我的作品，如果要我

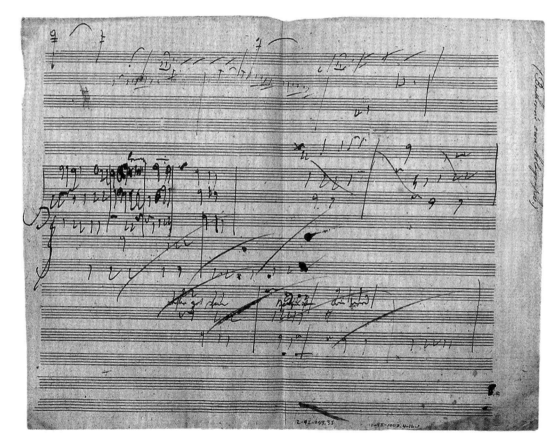

維也納米歇爾廣場城堡劇院。國會圖書館LC-DIG-
ppmsc-09208

選，可能會有更多出版商。我根本不用討價還價，只要提出我的條件，他們就會爽快付錢。」這是史無前例的做法，因為貝多芬是第一位靠著販賣自己的作品以及舉辦音樂會就能為自己賺進鈔票的音樂家。

貝多芬非常高興看見民眾熱烈參加他的音樂會，也很開心自己的作品這麼受歡迎。儘管許多贊助人依舊願意資助他，但他終於能夠以其他方式賺錢，不再需要仰賴贊助者的善心，住在他們的宮殿，遵守他們的規則或創作他們要求的音樂風格，這讓他鬆了一大口氣。

1800年4月2日，貝多芬的〈C大調第一號交響曲〉（作品號21）在維也納米歇爾廣場巍然宏偉的城堡劇院演出。莫札特有三部歌劇就是在這裡初次演出，約瑟夫二世更封此處為日耳曼國家劇院。貝多芬時常在這個地區長時間散步，他總是景仰這棟富麗堂皇的建築，非常期待在這裡進行首演。

貝多芬已經創作這一部交響曲五年了，海頓很強調交響曲的形式，貝多芬從偉大的老師身上學到很多如何創作這種型式作品的技巧。當他走上舞臺中央，他瞄了一眼坐在廣大廳堂的觀眾，大家都屏息以待他第一部交響曲的

首演。好幾百雙期待的眼神回應著他。

此時正值新世紀的開始，海頓與莫札特的餘音在交響曲的前兩個樂章繚繞不去，指揮知道接下來貝多芬就要挑戰神聖的交響曲傳統，展現自己特有的節奏與旋律。在第三樂章開始前，觀眾們全心舒適的投入音樂，突然間，他們發現作曲家放進一段詼諧曲（活潑輕快的曲式），取代這種作品應當出現的沉穩小步舞曲。聽眾無不驚訝萬分；很多人喜歡這種變動，但也有些人感到氣憤，作曲家竟然敢挑戰交響曲長久以來所建立的傳統。音樂會結束後，一名氣沖沖的樂評怒吼道：「詼諧曲不可以出現在交響曲裡！這位作曲家有什麼權力改變交響曲公認且悠久的傳統？」

貝多芬不是很介意樂評們的指責，因為大眾顯然喜歡他的音樂，出版商也急切的希望他能創作更多樂曲。他覺得自己在維也納很受歡迎，對自己的生活也很滿意。但接下來，命運給了這位年輕作曲家重重一擊。

音樂小百科：何謂交響曲？

交響曲的原文「ｓｙｍｐｈｏｎｙ」源自希臘文「ｓｕｍｐｈｏｎｉａ」，意指「和諧的」。交響曲一般為管弦樂曲，專為管弦樂隊演奏所創作。早期的交響曲有三個樂章，但到了古典時期，逐漸演化為四個樂章，有時候甚至到五個樂章。一個樂章就是一首曲子，與其他樂章不近相同，節奏、情感與特色對比強烈。

1760年以前，古典交響曲有特定的結構形式：第一樂章節奏明快，通常是奏鳴曲的形式；第二樂章節奏緩慢；第三樂章則彷彿有著小步舞曲般的優雅舞步；終曲，也就是最後樂章，通常都是快板。後世作曲家會根據這種形式創作自己的變奏曲。交響曲通常為樂器樂曲所創作，也由大型樂器樂團演奏，又稱為「交響樂團」。

貝多芬的前兩部交響曲遵循前輩作曲家的傳統；不久後，他有了改變，他的第三部交響曲〈英雄〉為後世奠定新的里程碑，它的長度比前兩首整整多了一倍，他的〈合唱〉交響曲更是首度運用了人聲合唱。貝多芬喜歡這種作品。他說，「交響曲最能展現真實的我。在我腦海中，總有偉大的管弦樂隊演奏美妙樂音。」

「鄉間的貝多芬」，
畫家：朱利葉斯·施密
德。經聖荷西州立大學貝多芬研
究布蘭特中心許可之復刻版

Chapter 5

海利根史塔特遺書

「過去這三年來，我的聽力變得愈來愈衰弱。」
——貝多芬給好友韋格勒的信，1801年6月29日

貝多芬的外表與他傲慢的本性完全相符。他的身高不超過165公分，肩膀寬闊，手掌厚實有力，指頭粗短，肌肉發達。雖然他做起事來笨手笨腳的，但在鍵盤之上，那雙手卻能演奏出最悅耳的樂音。貝多芬的頭異常巨大，額頭高聳，眉毛濃密，鼻子方正，下巴間有一個凹槽，還有深沉的雙眼。他的臉頰上有許多小凹洞的疤，顯示他挺過了當時極為致命的傳染病——天花。粗厚漆黑的一頭亂髮蓋住了他的臉龐。

貝多芬活力充沛，總是想在音樂創作方面更突破自己。在日記中他提到他是如何專注於工作：

人若能壓抑各種情感，無論在哪種環境下，都能不在意成功與否，堅持實踐自己的目標，那真是一大福氣！就讓動機帶領你的行為，別去管成果如何吧！不要成為那種滿心期待收穫的人，也別讓你的生活停滯不前，必須勤奮不懈，完成你的職責，不要想結果是好是壞；平靜沉著才能展現你的睿智。要在智慧的殿堂中尋求庇護；鎮日消沉不悅的人只能承擔糟糕的後果。真正的智者不會在乎世界的善與惡。因此你要堅持下去，運用你的理性思考──因為讓這世界得以運轉的動力，唯有珍貴的藝術。

1801年的貝多芬。經聖荷西州立大學貝多芬研究布蘭特中心許可之復刻版

聽力問題

········

儘管貝多芬精力十足，躍躍欲試，但他的健康狀況卻每況愈下，過去幾年來，他注意到自己的聽力愈來愈差。三十一歲那一年，他遭受耳朵開始不斷聽到某種響聲之苦，任何音量過大的聲響都會讓他難受不已。一開始，耳際雜音只是偶爾出現，但是隨著時間過去，這惱人的噪音愈發頻繁，而且持續得更久。貝多芬開始產生耳鳴的情況，會聽到嗡嗡聲、哨音或鈴響。這些噪音會使人無法專心，或無法聽見外界實際的聲音。

貝多芬擔心會喪失聽力，看了許多醫生，嘗試當時所有的治療方法，例

如，使用強效藥物，或是將泡了杏仁油的棉花球塞進耳朵裡，但是醫生終究無法治癒他的病症。19世紀初期的醫藥知識與醫學仍然粗糙簡陋，貝多芬的醫生也束手無策。

貝多芬寫了一封長信給童年好友韋格勒，他此時在波昂行醫，娶了布勞寧太太的女兒愛蓮諾為妻，當年在波昂時，愛蓮諾曾跟著貝多芬學鋼琴。在這封信中，貝多芬提到「過去這三年來，我的聽力變得愈來愈衰弱……我耳邊的嗡嗡聲日夜不休……若要讓你更明白這種獨特的耳聾症狀，這樣說好了，我在劇院工作時，必須往前很靠近樂團，才能知道他們在說什麼。」他描述了自己的症狀：聽高音或輕柔樂音時特別不清楚。由於自己的職業屬

製作耳膜模型

貝多芬受耳鳴所苦，他經常會聽見鈴響和嗡嗡聲。耳鳴與耳聾息息相關，造成這種情況的原因可能是耳朵感染、暴露在極大的噪音、中耳問題或耳膜破裂。耳膜是一片分隔外耳與中耳的薄膜，亦稱做「鼓膜」。聲波會讓耳膜振動，將聲音傳到中耳內的三根聽小骨。若想了解它是如何運作的，可以用簡單的方法自己製作耳膜模型。

材料

◆ 一個大碗　◆ 保鮮膜
◆ 橡皮筋　◆ 嘎嘎器（一種打擊樂器）
◆ 生米（大約25粒）或細沙
◆ 金屬的餅乾烤盤　◆ 木湯匙

1. 將一張保鮮膜拉緊包住大碗，用橡皮筋固定。這就是耳膜模型。
2. 把米粒或沙放在保鮮膜上。
3. 把金屬餅乾烤盤拿到耳膜模型旁，但不要放在上面。
4. 拿木匙用力敲打烤盤。

※ 你靠近製造噪音時，米粒或沙有什麼反應？
※ 是什麼導致保鮮膜振動？
※ 如果你將嘎嘎器湊近耳膜模型發出噪音，會發生什麼事呢？
※ 把嘎嘎器拿遠一些再製造噪音，耳膜模型又會有什麼現象？

性，貝多芬知道這會是很大的障礙，因此請求韋格勒替他保密。

　　貝多芬在信中也提到他有胃方面的毛病，但是醫生們似乎不知該如何醫治。信中文字具體展現了貝多芬的沮喪和失落：「我得承認我的人生悲慘至極。我已經快兩年沒有參加任何社交聚會，因為我無法對他人說：我的耳朵聾了。如果我是做其他職業的，也許還會好過一點，但是就我的工作而言，這是可怕的殘疾。我那群數不清的對手要是知道了，又會有什麼反應？」

〈月光〉奏鳴曲

　　在這封寫給好友的信中，貝多芬也提到他認識一位「可愛迷人的女孩，她愛我，我也愛她」，這個人就是他十七歲的鋼琴學生茱麗葉塔·古希亞蒂，她有一雙深藍色的眼眸及波浪般的棕色長髮。這位年輕少女送給自己的追求者一小幅鑲嵌在圓形墜飾的肖像畫，貝多芬將它與其他三封充滿愛意的書信放在書桌的一個祕密抽屜，他在信中稱她為「我的天使，我的全部，屬於我的你」，不過貝多芬當然很清楚這位女伯爵屬於貴族階層，而他出身低下。他在寫給韋格勒的信中也這麼說，「可惜她並不是我能高攀的。」

　　貝多芬將他的鋼琴奏鳴曲（作品號27第二首）獻給古希亞蒂女伯爵，他還附注了義大利文的副標「Quasi una fantasia」，意指「如夢似幻」。這首奏鳴曲在許多年後被一位樂評家取名為〈月光〉，成為貝多芬最知名的作品之一。

　　〈月光〉共有三個樂章。第一樂章以一連串的右手音符開始，左手則以

八度音開頭（八個音以不同模式展現）；第二樂章轉換調性，也包含了詼諧曲。這個樂章相較之下比較短，卻是連結這首奏鳴曲三個樂章的關鍵。貝多芬以強烈熱切的第三樂章替這首奏鳴曲作結，表現出快速琶音（和弦音符快速接續，而非組合在一起）、強烈的重音（對一個音的強調）音符，與爆發性的動感。這部作品是愛的禮物，獻給一位即將嫁給他人的美麗少女。

耳疾惡化使得貝多芬必須減少公開演出和社交生活。戀情無疾而終且對於失去聽力倍感絕望的他，決定專注在作曲上。貝多芬全心投入音樂，幾乎忽略身邊的一切，就連最基本的食衣住行也馬馬虎虎。有時候他會一絲不掛的坐在古鋼琴前創作。為了彌補他失去的聽力，他鋸掉古鋼琴的四隻腳，將古鋼琴放置在地板上，如此一來他便能夠用雙腿感受琴弦的振

19世紀初期的醫學

19世紀初的醫學是在完全沒有科學根據下執行的傳統做法。啟蒙時期強調科學實證與研究，醫生開始慢慢改變治療病人與病症的方式。許多醫生都是學徒出身，從來沒唸過醫學院，他們被教導古老的希臘羅馬思想，認為人會生病是因為體內的四種體液失衡所導致：血液、黏液、黑膽汁與黃膽汁。

普遍的做法包括放血，讓病人排去「受汙染」的血液；拔罐（將加熱過的杯罐放在皮膚上，讓表面形成傷口），去除「不好的體液」；以及使用一些藥物。就連阿斯匹靈也是直到19世紀末期才問世。今日我們眾所周知的危險藥物，例如水銀，當年曾被廣泛使用。水銀在19世紀初期曾是醫生的利器，它可用來內服，

或與其他草藥、油或是化學物包在布料中當成外敷膏藥。

1867年，英國外科醫生約瑟夫·李斯特發現了消毒的重要，直到1870年代，人們都不知道細菌會導致疾病。醫生碰觸病人之前不會洗手，醫學器械也沒有經過清潔消毒，因此感染的機率很高，也沒有抗生素可以使用。

雖然醫學界已經熟知笑氣的止痛特性，但直到19世紀中期，它才被拿來當麻醉劑，在這之前，進行手術時，病人都是保持清醒的。女人在家中生產，有時候會請助產士協助，但是許多女人在分娩中過世。消毒概念與衛生習慣的欠缺，加上醫學知識的貧乏，讓許多孩童來不及長大就夭折了，也因此19世紀之前，人類平均壽命都比現代短得多。

動，進而在腦海中構思音樂。

　　古鋼琴是貝多芬時代的鋼琴雛型。歷史學家表示貝多芬其實從未購入鋼琴，他用的許多樂器都是別人借的或送的。鋼琴製造商總是樂於告訴消費者「貝多芬也在用我的產品」，因此廠商向來慷慨出借甚或贈送最新的鋼琴給貝多芬使用。然而，貝多芬激烈的演奏方式連當時的古鋼琴也難以承受，但他使用的樂器經常損壞，真正的原因是因為那些樂器都不耐用。

　　貝多芬最常使用的古鋼琴是維也納當地的廠商製作的，但他也喜歡來自英格蘭的布洛伍德鋼琴。布洛伍德鋼琴結構較為堅固，也有更多的八度音。他也彈了許多年來自巴黎的艾拉德鋼琴，但他曾經在某處寫道，他覺得它「完全沒有用處」。儘管如此，貝多芬直到1825年都還在彈奏這架鋼琴。他對自己曾經有過的樂器從未滿意過，他總覺得它們不堪使用，八度音程也太短了。

〈月光〉奏鳴曲開始的前三個小節（作品號27，第二首）。蘇珊席伯曼提供

休息是為了走更長遠的路

19世紀初期，海利根史塔特是維也納北方一處悠閒的渡假小鎮，環境靜謐宜人，還能看到美麗的多瑙河。貝多芬的醫生建議他搬到海利根史塔特一陣子，遠離壓力與緊張，好好休養。1802年，三十二歲的作曲家在這裡住了半年。每天他都在青翠山巒與蓊鬱樹林間散步，享受大自然的美景與恬淡的鄉間人生。貝多芬喜愛這裡的沉靜氛圍。他可以坐在樹下好幾個小時，埋首於自己的音樂筆記，完全忘了時間的推移。他曾寫信給一個朋友，「沒人比我更熱愛鄉下了。林地、綠樹與奇岩都能給予人們需要的回應。每一棵樹似乎都在說『聖潔、聖潔』。」

貝多芬經常一面在鎮上閒晃，一面沉浸在自己的思緒之中。鎮民注意

報章雜誌上，對於貝多芬的音樂，樂評讚揚和批評都有，他們是負責報導音樂、藝術演出與藝術家的記者，也會對音樂會或新發行的CD發表評論，還會採訪作曲家與表演者。這些人的評論總是以實際資訊為根據，也必須抱持開明公平的態度。樂評的聽力非常敏銳，能夠聽出構成樂曲的每一個元素。若你能像樂評聆聽音樂，你便能更懂得欣賞並了解作曲家是如何完成一部作品的。你可以試著為貝多芬有名的〈月光〉奏鳴曲寫下一段評論。

材料

◆ 作品號27第二首〈月光〉奏鳴曲的CD，或MP3檔案
◆ 播放音樂的工具（如iPod、電腦或CD播放器）
◆ 從網路或圖書館擷取相關資訊
◆ 紙和筆，或文書處理軟體

1. 上網或到圖書館研究其他人對〈月光〉奏鳴曲的評論，你可以更透徹的了解這首曲子。

2. 專心聆聽〈月光〉數次，問你自己下列的問題，把你的答案與觀察寫在紙上或打在電腦裡。別忘了，這首曲子有三個樂章，你可以個別聆聽。

※ 演奏者是誰？
※ 你能聽出它的主旋律、變奏、反覆以及新的音樂元素嗎？
※ 它的旋律如何？是有所變化的，還是持續不變？
※ 這首曲子表達出什麼樣的情緒？
※ 各樂章聽起來不同還是相似？有沒有能夠連結它們的元素？
※ 作曲家想達到哪種目的？他做到了嗎？
※ 你對這首曲子有何反應——你喜歡嗎？原因為何？
※ 有沒有你不欣賞的部分？要是你，你會怎麼做？

3. 寫下你的評論，依據你想表達的內容，寫好幾段都可以。也許你還可以將你的評論給音樂老師看，或是投稿到校刊。

69

到他會自言自語，還會常常突然止步，從口袋裡拿出筆記本，用鉛筆在上面塗鴉。海利根史塔特的居民覺得貝多芬的舉止怪異，總是好奇的瞪著他。但是過了一陣子，大家想著這樣的行為對一個偉大的音樂家來說可能就是正常的，也就見怪不怪了。

小鎮中心有一間餐廳，供應許多美味的德國餐點。貝多芬特別喜歡乳酪義大利麵，以及一些具有風味的魚類料理；他也偏好甜點，每次散步完，他就會回到這裡大吃一頓。

住在小鎮，遠離忙碌喧囂的維也納，讓貝多芬有時間思考自己堪憂的健康現狀。他決定自己要讓弟弟們知道他的想法與恐懼。1802年10月6日，貝多芬整理了書桌上的文件，坐下來寫了一封信。

貝多芬與他的布洛伍德古鋼琴。*經聖荷西州立大學貝多芬研究布蘭特中心許可之復刻版*

這封信的內容類似遺書，後人稱之為《海利根史塔特遺書》。貝多芬在信中透露出在面臨人生危機時，他最深沉的恐懼、挫敗與心靈上的痛苦。他先提到卡斯帕的名字，但不知為什麼，在應該寫到另一位弟弟約翰的地方，貝多芬總是留下一小片空白。貝多芬特別交代弟弟們，這封信要在他死後再打開來看。

接著他開始向他們解釋自己長期以來的耳鳴困擾。「想想這六年來，我得到這種嚴重病痛，還找上這麼多根本派不上用場的醫生，每一年都希望情況能夠改善，可是到最後卻只能接受自己要病痛終老。」（因為他的毛病要花好幾年的時間治療，或甚至無藥可醫了。）

他想要確保兩個弟弟能夠理解他離群索居的原因，但又該如何向他們描述自己的孤單感？貝多芬繼續寫道，「請原諒我，當你們看見我孤獨

鋼琴的演化

18世紀初期，義大利樂匠巴爾托洛梅奧·克里斯多福里發明了古鋼琴的雛型，人們可以利用一種擊槌敲擊琴弦，讓它發出聲響；後來德國人戈特弗里德·西爾伯曼發明了一種可以讓槌子從琴弦上揚起的裝置，能夠讓琴弦振動，發出聲響；接下來法國人沙巴斯欽·艾拉德又改良擊槌的動作，可以重複快速的彈奏音符。

古鋼琴最後被「鋼琴」取代，史特萊夏鋼琴公司提供貝多芬樂器，但其結構過於輕薄，聲音也過於柔和；1818年，一間英國廠商約翰·布洛伍德鋼琴

瓦特古鋼琴的仿製品，約莫1805年。保羅·麥諾提仿製

公司也將自己的鋼琴提供給貝多芬使用。它有更先進堅固的擊弦機，聲音也更宏亮。此時貝多芬的聽力已經大不如前，所以他非常喜歡這架每個音符有三根琴弦，有六個八度音程的布洛伍德鋼琴。

現代的鋼琴有八十八個琴鍵，比起七個八音程的鍵盤又多了一些，三個踏板從左到右分別是：「弱音踏板」，讓擊槌只敲擊一根琴弦而非三根；「減音踏板」，能夠控制音符音量；以及「連音踏板」，它讓琴弦能夠持續振動。今日的鋼琴結構一般採俐落的直立式鋼琴，有垂直的琴弦；另外還有演奏會常見的平臺鋼琴。鋼琴是當今用來創作或演奏最普遍的樂器。

自閉時，其實我內心是渴望跟你們一起談笑的。我的厄運讓我痛苦不已，因為它會使我遭受誤解，對我而言，我在這社會已經毫無立足之地，就讓我自我放逐吧。」

貝多芬對自己的殘疾感到羞愧。他無法大聲告訴他人：「請大聲說話，用吼的也行，因為我耳聾了。」他深信自己再也無法與人正常交談，寧可脫離社會與人群。信末他解釋自己幾乎被這些挫折折騰得「絕望至極」，但他也提到，自己喜愛的藝術拯救了他。「唯有藝術才能讓我自持至今。現在看來，在我創造出自己想要創造的作品之前，我是不可能離開這個世界了，因此，我只好繼續靠著這可悲的臭皮囊苟且度日了。」

後來，貝多芬回到維也納，將這封信收進書桌的祕密抽屜，永遠沒有寄出去。

渴望有人作伴

由於幾乎不可能找到能夠共享人生的伴侶，貝多芬的沮喪更是雪上加霜。他經常墜入愛河，但他的意中人卻總有許多無法與他結為夫妻的理由。她們有些是他的學生或是贊助人的妻子，而且多半擁有貴族身分，地位階級比貝多芬高得多了。因此，找不到對象戀愛、結婚這件事，時常困擾著貝多芬，那種孤獨寂寞的感覺與日俱增。

貝多芬在海利根史塔特離群索居，就像一抹陰沉遊魂。在日記中他寫到

打造一臺拇指琴

你也可以製作屬於自己的樂器，「拇指琴」，在非洲叫做「mbira」。這是非洲的傳統樂器，乍看不過是鑲在木板上的幾片長形金屬，但這片木板有類似鋼琴音箱的功能，長形金屬則是與鋼琴鍵盤功能雷同的金屬簧片；金屬簧片大小不一，能發出不一樣的音高。貝多芬在使用現代鋼琴之前，也曾經利用這種大鍵琴雛型來演奏，它彈奏起來別有一番風味。

材料（製作時大人必須在場監督）

◆ 一片約2.5公分厚的木板，將它切成約10公分大小的正方形
◆ 廣告顏料或壓克力顏料
◆ 畫筆　◆ 砂紙
◆ 4根冰棒的木棍
◆ 白膠　◆ 兩條橡皮筋
◆ 4個金屬大髮夾
◆ 鋼絲剪　◆ 膠帶　◆ 10個圖釘

1. 用砂紙將木板磨平。
2. 將木板與冰棒棍塗上顏色加以裝飾，由於這種樂器源自非洲，可以使用明亮鮮豔的對比色彩，甚至加上非洲特有的圖騰。等待顏料完全乾。
3. 將兩根冰棒棍的側邊用白膠固定，並排橫貼在木板上，大約距離木板上方邊緣2.5公分。
4. 手指壓住冰棒棍的中心，用橡皮筋將木板與冰棒棍綑緊，等白膠乾。
5. 拉開一根大髮夾，讓它成為拇指琴的簧片鍵盤，量好距離讓髮夾能碰到冰棒棍，還能延伸到木板邊緣，但不要突出木板。
6. 請大人用鋼絲剪將多餘的髮夾剪斷。
7. 其他的髮夾以此類推；每一根都比前一根更短一些，這樣才能發出不一樣的音高。

8. 將這些鍵盤放到木板上用膠帶固定，在膠帶上塗滿白膠。
9. 再將另外兩根冰棒棍放在前兩根的上面，讓鍵盤保持在原位，當這些冰棒棍的膠乾了之後，再用橡皮筋綑緊固定。
10. 冰棒棍兩端，讓冰棒棍更堅固固定。將圖釘釘入冰棒棍兩端的髮夾，增加木板的力道。
11. 將每一根髮夾往上彎約1.3公分。
12. 可以用你的拇指彈奏拇指琴了。

他害怕人們因為他的殘疾而可憐他，或不把他當音樂家看。但他決心克服這些障礙。他寫信告訴韋格勒，「我哪需要提防誰來制衡我的力量？如果可能的話，我將用盡全力抵禦我的宿命，沒錯，我的生命確實經常出現自憐悲嘆的時刻，認為我就是上帝所創造最不快樂的生物……但我不會被擊倒。重生時會多麼美好！為此，我可以重生一千次！」

貝多芬慢慢領悟自己的音樂足以讓他得到陪伴與喜悅，能讓他有生存的目標，他調適自己，準備應戰人生。他知道自己終將戰勝困頓與苦痛，他從海利根史塔特回到維也納生活，決心主掌自己的未來，再度投身音樂創作。

「鄉間的貝多芬」，畫家：朱利葉斯‧施密德。經聖荷西州立大學貝多芬研究布蘭特中心許可之復刻版

54

貝多芬愛過的女人

貝多芬的好朋友韋格勒曾經這麼說，「貝多芬總是在戀愛。」但讓貝多芬沮喪難受的是，這些戀情總是無疾而終。

歌劇歌手瑪達倫娜‧維爾曼或許是被貝多芬求婚的第一人，那時是1795年。根據她家人的說法，瑪達倫娜拒絕了作曲家，一年後嫁給了一位商人。

1801年，貝多芬將〈月光〉獻給十七歲的學生女伯爵茱麗葉塔‧古希亞蒂，他深信她也愛著他，但知道兩人的社會階級懸殊，永遠不可能在一起。1803年，茱麗葉塔嫁給文策爾‧馮‧蓋倫堡伯爵，搬到義大利。這名女子的一小幅肖像後來在貝多芬的書桌抽屜被找到。

女伯爵約瑟芬‧黛姆是茱麗葉塔的表妹，在她結婚之前，也曾經是貝多芬的學生，她守寡之後，又找上貝多芬學鋼琴。再一次，她的貴族身分成了障礙。如果她嫁給一介平民，她的四個孩子不會有好日子過，她會喪失女伯爵的頭銜。為了善盡對孩子的「義務」，她在1805年與貝多芬分手。

泰瑞莎‧馮‧布朗斯維克是茱麗葉塔的另一位表妹，也是貝多芬的學生，她是匈牙利貴族。某些學者相信貝多芬的第24號升F大調鋼琴奏鳴曲（作品號78）是獻給她的。

1809年，貝蒂娜‧布倫塔諾回到出生地維也納住了三年，與貝多芬關係密切，但1811年，她嫁給羅馬尼亞的知名詩人阿希姆‧馮‧阿爾尼姆。歌手安瑪麗‧塞包德在貝多芬生病時悉心照顧他，但這段關係最後只能退為一般友誼，1812年，他寫信給她，「我好多了，如果妳認為值得單獨來看我一趟，那我會非常開心；但如果妳認為不需要跑這一趟，妳也知道我跟一般男人一樣熱愛自由；無論妳的決定為何，無論是基於妳的原則或妳的念頭，我都覺得很好，妳也會是我永遠的朋友。」

貝多芬四十歲時，愛上了他的醫生十八歲的女兒泰瑞莎‧瑪爾法蒂。或許他曾經打算與這位年輕少女結婚，但是她的家人極力反對。有人認為〈給愛麗絲〉就是要獻給這位少女的。最終，作曲家只能接受自己可能得孑然一身、永遠不會結婚的可能。

路德維希・范・貝多芬
的肖像，年代不明。國會圖
書館C-USZ62-29499

Chapter 6

「英雄」創作

「我對自己到目前為止的作品都不是很滿意。
從現在開始,我要走出一條新的道路。」
——貝多芬

從海利根史塔特回到維也納後,貝多芬開始創作,他時常因為太過專注而忘了吃飯。如今的他更習慣寫下自己的創作筆記,不再在紙上潦草記事,免得忘記將紙放在哪裡。他隨身攜帶筆記本,這有助於他組織思緒,重新檢視進度,循序漸進計畫自己的作品。有時候貝多芬會買事先做好的音樂便條本,有時候他也會自製自己需要的筆記本。

1802年,就在貝多芬回來後不久,他開始創作能夠定義他創作中期或是說「英雄」時期的音樂作品。在這十年期間,他的許多作

品，例如第三號交響曲〈英雄〉以及他唯一的歌劇〈費黛里奧〉，都蘊含英雄主題。貝多芬的音樂風格在這段時期明顯改變，因為他嘗試了許多不一樣的音樂形式，包括一齣神劇，同時他也在作品中採取許多新的音樂手法。

音樂風格與時期

幾百年來，許多西方古典音樂的風格都有所改變，作曲家的作品會受到品味、民族文化、歷史，以及所生活的社會等影響。1450年至1600年文藝復興期間，大部分的音樂都是為了宗教目的而創作出來的。〈格雷果聖歌〉是教會詠唱的單聲部音樂，沒有和聲（亦即一個聲音以上同時組成的曲調）。非宗教音樂則有所謂的「牧歌」，搭配一些舞蹈動作。由於當時還沒發展出音樂的記譜系統，所以這時期大部分的作品都散佚了。

巴洛克時期大約始於1600年，延續至1750年。「巴洛克」有「華麗精緻」之意，這個時期的藝術與建築講究華麗繁複，因此它的音樂風格也有「持續低音」的特色（整部作品低音部分持續不斷）以及對位法，一次結合兩種或以上的旋律。這時期的作曲家創作了許多非宗教音樂娛樂大眾。歌劇也成為一種全新的音樂流派。古老的樂器逐漸改良，市面也出現其他的新式樂器。

古典時期大約從1750年至1830年，講求平衡、秩序與結構，不再追求繁瑣花俏的裝飾，利用完整和弦創作樂曲，以大型樂器演奏的音樂流派是主流，例如交響曲。單簧管與管樂器的出現讓管弦樂團越見茁壯。鋼琴取代了大鍵琴，歌劇作家也將文字帶進音樂中。

到了浪漫時期（19世紀初至20世紀初），音樂更強調人類的情感，而非古典時期講究的秩序與規律。聽眾想要更具戲劇化的作品，能反應文化與國家之間的差異更好，自由形式的音樂類型也很風行，例如夜曲。管弦樂團的規模隨著作曲家的作品愈來愈宏觀，也擴大許多。

現代古典音樂時期從1900年開始，雖然延續了早年傳統，但也有許多電子音樂的作品出現。現今的音樂不但講求和諧，通常也不會使用常見的樂器，而是用電腦、錄音機與電子樂器，更顯創新，而且不會被以往的規則所拘泥。

貝多芬找出自己的風格，無視音樂界前輩訂下的許多準則規定。他只創作符合自己靈感的作品，並將想法融入其中。這種創新手法讓某些聽眾與樂評非常困惑，但多數人都很享受自己聽見的美妙樂音。

縫製自己的筆記本

利用回收紙製作屬於自己的筆記本是最環保的事情了。你可以像貝多芬以及其他許多藝術家一樣，用它記錄想法，使其發展成為習慣，也可以在上頭塗鴉，寫下觀察結果與心得。

材料

◆ 20張至少有一面空白的回收紙，例如寫過的作業、垃圾信件、邀請函、用過的影印紙等等
◆ 剪刀　◆ 雕刻墊
◆ 兩個大夾子　◆ 尺
◆ 筆　◆ 圖釘　◆ 粗縫針
◆ 粗棉線　◆ 膠水

1. 將再回收紙剪成同樣大小。
2. 把紙疊成一堆，放在雕刻墊上，確保紙張對齊。
3. 將紙張上下用夾子固定。
4. 用尺畫出一條離紙張左緣約1.3公分的垂直線，然後每2.5公分做個記號。
5. 決定針孔的位置，從距離紙張上緣約5公分的地方開始，每0.6公分做個記號，到距離紙張下緣約2.5公分的地方停止。
6. 用圖釘在每個0.6公分的記號壓出針孔。
7. 穿好針線，在另一端打結，確定線頭固定，然後用針線穿過

針孔，一個接著一個，不要遺漏。
8. 縫完之後，將線剪短，只要留下足夠的長度打結。
9. 在打結處塗上一點膠水。

徹爾尼

作曲家暨鋼琴家徹爾尼，於1791年在維也納出生，家族原籍捷克，他的父親文策爾·徹爾尼會吹雙簧管、彈管風琴與鋼琴，同時也是鋼琴老師，他很早就發現兒子有音樂天分。男孩先跟著父親學鋼琴，後來找上更有名的鋼琴家當老師，如安東尼奧·薩里耶利與貝多芬。徹爾尼七歲就開始作曲，九歲便公開演出，被譽為音樂神童。

徹爾尼的小提琴老師溫澤爾·克倫霍爾茲帶著男孩首次見到了貝多芬，貝多芬答應收徹爾尼為學生後，徹爾尼開始認真檢視研讀老師的作品，不久後，他便以成功詮釋貝多芬的音樂為名——他總是能精準呈現揣摩貝多芬想要的音樂內涵。貝多芬很高興能找到一個擁有如此卓越才華的年輕人能深入詮釋自己的作品。幾年後，徹爾尼也組織了每週音樂會，專門演奏貝多芬的作品，這些音樂會更確立了他是貝多芬鋼琴音樂作品絕佳掌門人的地位。

十五歲時，徹爾尼開始教授鋼琴，他在音樂教育的成就深獲肯定，維也納的富裕家庭無不爭相聘請他擔任孩子的鋼琴老師，他的學生包括作曲家李斯特。雖然他一天教授好幾個小時，徹爾尼還是能找到時間作曲，專寫鋼琴練習曲，以及其他幾本建議人們演奏的書籍。徹爾尼終身未婚，他在六十六歲過世時，將自己的家產留給許多慈善機構。

他的音樂也讓管弦樂團的演奏風格與技巧更上一層樓，這段時間，貝多芬持續專注在他的作品上，完成為數眾多的作品，傑作一首接一首問市。這些作品使他成為當代最頂尖的作曲家。

新學生

儘管19世紀初期，貝多芬如著迷般積極創作，他仍有時間教導學生。1801年，才十歲的音樂神童徹爾尼被介紹給貝多芬認識。在這次的會面中，小男孩成功演奏一首莫札特的協奏曲與貝多芬的第八號C小調鋼琴奏鳴曲（作品號13），出版商將這首曲子取名為〈悲愴〉。男孩的天分讓貝多芬大為折服，表明願意成為這位前途無量鋼琴家的老師。

1842年，與貝多芬初次見面的許多年之後，徹爾尼提到自己與貝多芬有趣的初次邂逅。他描述貝多芬的三樓公寓房間幾

乎空空如也，只有一架鋼琴和幾張破破爛爛的椅子。此外，他還注意到衣物、書本、髒碗盤堆得屋子裡到處都是，稿紙也疊得亂七八糟。貝多芬穿了一件深色的燕尾服、灰色長褲，顯然很多天沒有刮鬍子了。徹爾尼說貝多芬的耳朵塞滿了似乎泡了某種黃色藥水的棉球。

青少年時期的徹爾尼開始協助貝多芬管弦樂曲的鋼琴部分組曲，多年後，貝多芬與徹爾尼成為很密切的朋友，兩人有許多共通點，也非常尊重彼此的成就。

拿破崙的崛起

貝多芬對自由、平等與權利共享的熱情，源自於他曾經閱讀過啟蒙時期哲學家的著作，但是他受到法國大革命的理想更為深切的影響。起初，貝多芬樂見拿破崙的崛起，將此人視為英雄，一名自由鬥士，為平民百姓發聲的先驅。

創作音樂的靈感

能讓你感到振奮激動的事物，或許能給予你源源不絕的靈感，讓你創作出豐富的作品，例如繪畫、詩歌或是音樂。拿破崙讓全歐洲人民享受自由的觀念，更激勵了貝多芬。那麼，什麼激勵了你呢？

材料

◆ 樂器（或你的聲音）
◆ 鉛筆
◆ 五線譜或錄音機

1. 找到能夠激勵你的心靈意象，也許是一個想法、一個人，甚至一個畫面。你可以用音樂表達這個人事物之所以讓你感動的原因。

2. 想想看：它讓你有什麼感受？快樂？悲傷？沉思？憤怒？高興？

3. 試著找到一段能夠符合且確切表達心境的旋律。

4. 哼唱這段旋律，用錄音機錄起來，或是用你的樂器演奏幾次。

5. 這段旋律就是你作曲的開始；它確定了整首曲子的情感。你可以繼續補充，添加和聲，偶爾做些變化，讓它能完整詮釋你的思緒。

6. 如果你知道音樂的記譜法，你可以將這段旋律寫在五線譜上。

7. 享受你的創作吧！

拿破崙。*Dreamstime圖庫*

　　拿破崙對公平正義的想法推動了法國司法改革，1804年更頒布了《拿破崙法典》，所有貴族喪失所有特權，法國公民享有基本權利。如此更為公正公平的律法激勵了貝多芬。

　　拿破崙領導法國軍隊四處征戰，自從他在埃及打贏一場硬仗，凱旋榮歸法國時，他成了世界知名的人物。1799年，他主導推翻政府，自己成為新政府的領袖，擔任帝國的第一執政。很快的，等到他的權力遍及全法國之後，他宣佈他的《拿破崙法典》就是法國法律。拿破崙更計畫在所有他征服的歐洲國家實施這部法典。

　　貝多芬有信心拿破崙會捍衛法國大革命的原則：自由、平等與博愛。這位作曲家很確定這位偉大的領袖人物即將實踐自由的精神與理想，讓其餘的歐洲人民能夠擺脫極權統治。

〈英雄〉

　　貝多芬很欣賞《拿破崙法典》，深信那證明了拿破崙關心人權。1803年，貝多芬打算將他的降E大調第三號交響曲（作品號55）獻給這位人類自由的守護者。然而一年後，當貝多芬得知拿破崙宣布自己是法國皇帝時，他感到震驚萬分。拿破崙理應是個自由的保衛者，為什麼還需要這種頭銜？

　　「他也不過是個平凡人，」憤怒的貝多芬宣稱，「他為了享受自己的野心，踐踏人權，他會將自己擺在眾人之上，成為一名暴君。」

怒氣沖沖的貝多芬大步走過房間，將桌上第三號交響曲手稿的第一頁一把抓起來，上頭還寫有「波拿巴」（拿破崙的姓氏），他奮力用手抹去這幾個字，把紙頁都磨破一個洞了，最後，貝多芬將樂譜丟到地上。這部作品後來以義大利文〈Eroica〉出版，就是「英雄」之意。

拿破崙

拿破崙於1769年出生於科西嘉島，這座多山的島嶼位於義大利以西、法國西南外海的地中海。當拿破崙還是青少年時，歐陸的革命熱潮正值巔峰。他先在軍校就讀，進入軍隊後，由於他展現了卓越的領導能力，受到上級賞識。1793年，拿破崙已經官拜准將。1796年他受命指揮義大利的法國駐軍。當時法國與義大利衝突不斷，才剛結婚幾天的他便匆匆趕赴前線。成功打贏幾場關鍵戰役之後，回到祖國的拿破崙成了國家英雄。

1798年，拿破崙在埃及展開一場攻擊，但英國人阻斷了他的後勤之路。拿破崙當下決定回到法國，參加推翻政府的革命，進而掌權。從1799年至1804年，拿破崙致力於追求法國的現代化。新制定的《拿破崙法典》廢除了佃農制度，人民有權選擇自己的宗教信仰，並進一步革新法國的法律制度，確保法國人民在法律之前，人人平等。

1804年，拿破崙自立為法國皇帝，當法國軍隊開始擊敗奧地利時，法蘭西斯二世解散了神聖羅馬帝國。1806年，奧地利

放棄對德國與義大利的統治。拿破崙與妻子約瑟芬離婚，為了與奧地利結盟，娶了一名奧地利公主。法國軍隊入侵俄羅斯的情況不如計畫，節節挫敗，俄羅斯、普魯士、英國與西班牙的軍隊結盟，讓拿破崙軍隊無力招架。1814年，拿破崙被迫退位，被流放到愛爾巴島。1815年，拿破崙回到法國，重整軍隊，但在滑鐵盧受到重挫。他被放逐到聖赫勒納島，1821年在島上去世。

拿破崙郵票。*Dreamstime*圖庫

第三號交響曲在公開演出前，先在夏天於洛伯科維茨王子的宮殿進行私人演奏會。它於1805年4月7日在維也納河畔劇院首演。當觀眾看著印好的節目單時，許多人都很訝異，原來這部交響曲現在要轉而獻給貝多芬的贊助人洛伯科維茨王子。

貝多芬準備上臺指揮時，知道很多人都是初次聽到這部交響曲，肯定會找理由加以否定，甚至批評這部新作品，這次首演就要讓民眾知道，他的音樂已經選擇了一條全新的道路。

音樂小百科：何謂音樂的「調」？

音樂的「調」以基本的「音階」為基礎，所謂的音階就是一連串接續的七個音符，或音高依次上行（音調愈來愈高）以及下行（音調愈來愈低）。第一個音符代表的就是音階的調性，音階可能是大調或是小調，取決於音階中音符所反映出來的調式，大調或小調中的調隨著音程建立了樂曲結構。大調音階共有12個，組成十二種大調調性，

小調亦然。例如，一首以C、D、E、F、G、A與B七個音符（屬於C大調音階的音符）為結構的曲子，就是C大調。

作曲家為作品選擇特有的調性，是因為它們最能表達所需要的情感，作曲家也深信那對於樂器的音域來說也是正確的調性，對樂曲的完整非常重要。作曲家還會加入兩相對照的調性，彰示作品的獨特與澎湃。從主要調性轉換到另一個對比調性的過程，會增加音樂的激昂與風趣。

C大調音階。

第三號降E大調交響曲（作品號55）的調性就是降E大調。音樂家需要知道樂譜要用哪一種調性來寫，才能知道哪些音符需要升半音或是降半音。出現升記號就是要提高音符的音高，出現降記號則是要降低音高。每首曲子的一開始，調性記號會標注在五線譜的最左側，以顯示曲子是升調或是降調。例如，下圖就是A大調或其相對的升F小調。

半音音階。

A大調或升F小調。

你可以利用「五度圈」來確定曲子該使用什麼調，這張圖表幫助音樂家了解在樂曲中使用的調性、每種調彼此的關係與和弦關係。五度圈展示各種調性，包括某個調之中有多少升降，還可以讓你了解在半音音階中，調性彼此的關聯。

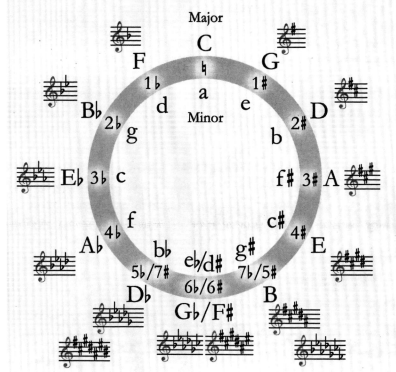

五度圈

下方這張圖表從C開始，沒有升降，彼此之間的間隔是完全五度音程；從順時鐘的方向開始，在C大調中，G是距離C的五個音符。

如果你打算演奏樂器或唱歌，記得五度圈是相當有用的，它能讓你理解音樂的調性與各種調性的音符。

材料

一份你最喜愛的貝多芬樂譜；可以從國際音樂樂譜圖書館的網站免費下載：http://imslp.org

1. 注意你選擇的樂譜五線譜一開始的升降記號。
2. 在五度圈上找到調性
   · 它是什麼調性？
   · 有多少升記號或降記號
   · 哪些音符該升，那些音符該降？
3. 若想更認識五度圈，你可以開始尋找：

· 哪個音階和升降記號所指的大調音階或小調音階有關聯？

這張圖表讓你知道C大調的相對小調是A小調，因為它們共享同樣的調性（皆沒有升降）。第二個和C大調最接近的是G大調（或E小調），因為只有一個升記號，以及F大調（或D小調），因為只有一個降記號。

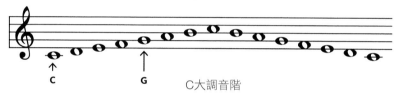

C　　　G　　　C大調音階

首先，貝多芬知道〈英雄〉比他過去所寫的任何一首交響曲都要長。他認為觀眾很快就會發現這部交響曲的第一樂章甚至比海頓的任何一部交響曲還要長。這位上了年紀的大師又會怎麼說？貝多芬也很在乎聽眾對於〈英雄〉傳達的鮮明強烈的意念會有什麼反應，而且他還加入了法國號，這個樂器是有史以來首次在交響樂團中亮相。

音樂會結束後，各種評論都有。有人聲稱第三號交響曲是傑作，其他人

曼海姆樂團

文藝復興時期，會保留宮廷樂隊是為了娛樂貴族。這些樂隊充其量不過是規模大小不一的小型音樂合奏團體。由於沒有規定該使用哪種樂器，因此樂隊每一次演奏的樂器都不盡相同。

巴洛克時期的樂隊主要以弦樂器為主，搭配一些木管樂器，如長笛或雙簧管。然而，樂隊的大小與樂器使用仍然沒有一定的準則，端看哪些音樂家有空上場。

到了18世紀末期，樂隊使用的樂器有了一定的標準，宮廷與劇院的樂隊通常使用相同或類似的樂器。作曲家也會指定希望使用哪些樂器來演奏自己的作品。

曼海姆樂團是當時德國最有名的樂團，在演奏風格與手法上有革命性的創新，訂立了樂團演奏的最高標準。它創立於1743年，五十名成員的規模成為當時許多樂團的典範，它引進許多新技巧，開創現代管弦樂團的先河。在作曲家暨指揮家約翰·史塔米茲的帶領下，它成為世界上第一個現代交響樂隊。史塔米茲要求音樂家參加排練而且要有充分準備，他追求最完美的演出，講究最精準的細節。

此一管弦樂團以他們對樂音的詮釋出名，也就是所謂的「力度」，在此之前，樂團的演湊不是宏亮就是柔和。曼海姆樂團開創了所謂的「曼海姆漸強」，也就是音量逐漸變大；以及「曼海姆火箭」，一段急速往上升的音量效果。曼海姆樂隊的專業對後世交響樂團的改良有深刻的影響。

則是不確定該如何定位它。一位樂評家建議縮短曲子的長度，因為他覺得「這樣會得到更多的正評」；另一位樂評家則稱之「大膽創作」。有人也說這首曲子令他們不知所措。貝多芬思考了外界的評論，卻也很篤定這部交響曲最終會受到大眾的理解與喜愛。多年後，有一位朋友問貝多芬他最愛的是哪一部交響曲時，他想也不想便回答，「這還用問，當然是〈英雄〉！」

法國號。*Dreamstime*圖庫

〈費黛里奧〉的一幕。經
聖荷西州立大學貝多芬研究布蘭
特中心許可之復刻版

Chapter 7

費黛里奧

「這齣戲會為我贏得殉道者的王冠。」

——貝多芬

除了找出管弦樂作品的全新方向，貝多芬在創作中期也嘗試新的類型。1803 年，維也納知名劇院總監請貝多芬創作一齣能在劇院演出的歌劇，除了給予優渥的薪水，總監更加碼提供劇院內的免費住宿，貝多芬非常喜歡這個安排，欣然接受了。

19世紀時，歌劇在歐洲愈來愈受歡迎，貝多芬早就想創作歌劇了，但因為許多原因，他面臨了不少難題。他主要從事樂曲作曲，當時也沒有什麼體制完善的德國歌劇傳統讓他參考。他提醒自己曾在波昂的宮廷管弦樂團演奏中提琴，他在那裡聽過不少歌劇，他也

曾跟著維也納歌劇指揮安東尼奧‧薩里耶利學習為人聲作曲的技巧。也許創作歌劇是個挑戰，但絕對沒問題的。

他只需要找到合適的劇本（歌劇或神劇的文本）就好。貝多芬多年來都在尋找好劇本，遍尋不著後，他寫信給一位朋友，「都是老調重彈：德國人寫不出什麼好東西。」另外一封寫給葛哈德‧馮‧布勞寧的信中，貝多芬對於這令人沮喪的情況有了更多的描述：「我需要能激勵我的劇本；它必須闡

歌劇的開始

歌劇於16世紀末在義大利佛羅倫斯被創作出來的，一群學者組成「佛倫羅斯同好會」，聚在一起討論藝術科學。時值文藝復興時期，又有「重生」之意，因為人們對知識再度燃起興趣。同好會的成員就是想要拓展自己的知識。

佛羅倫斯同好會研讀古老的希臘戲劇，學者相信希臘人不是用言語說出那些悲劇，而是用歌唱來詮釋戲劇。這群學者對文藝復興時期的戲劇與音樂演出不滿意，決定要重新恢復希臘時期的演出模式。他們研究古代哲學家的作品對希臘戲劇的解釋，決定進行實驗，就此產生新的藝術形式——歌劇。

佛羅倫斯同好會成員寫了不少歌劇，但學者考證確定世界上第一部歌劇作品是1607年可路狄奧‧蒙特威爾第所創作的音樂故事劇〈奧菲歐〉。它包含歌劇所有的元素：歌唱、演出、樂團伴奏、場景擺設、服裝與舞蹈。雖然一開始歌劇僅侷限在宮廷演出，但隨著它愈來愈受歡迎，不久之後便成為平民娛樂的一環。誇張的配樂、服裝，加上生動寫實的場景擺設，與其他令人目眩的特效，吸引了許多觀眾。到了17世紀末期，這種新式藝術早已遍及全歐洲，歐洲許多大城市也蓋了歌劇院。

述道德、振奮人心。我不能拿莫札特寫過的東西來用，那種離經叛道的內容我寫不來。我是找到了幾份劇本，但是完全不符合我的期許。」

拯救故事

法國大革命之後，闡述在險境中展現赤誠、奉獻與英勇的「拯救歌劇」廣受大眾喜愛。由於世局的動亂與變革，前去聆聽歌劇的觀眾非常喜歡這種英雄抵抗惡勢力、逃離死神魔掌的劇情。

貝多芬始終找不到「合適的故事」加以創作，直到德國劇作家約瑟夫·宋萊特納告訴他，可以看看法國劇作家尚－尼古拉·布意的一部作品。內容是在講述

19世紀的女性與音樂

在貝多芬的年代，女性的角色幾乎僅侷限在家庭。只有少數人能突破社會規範，憑藉自身的能力成為倍受尊重的音樂家。不過一些才華洋溢的女性得以追求藝術成就，享受這最低限度的藝術生涯。

1805年在德國漢堡出生的芬妮·孟德爾頌·亨塞爾正是作曲家孟德爾頌的姊姊。她寫過幾首鋼琴曲與歌曲，雖然她很有天分，但是家裡並不允許她在成年前繼續創作，不過她依舊堅持做自己。在一封寫給弟弟的信中，她寫道：「儘管我早就知道你會不高興，但我還是要告訴你，你想笑我也無所謂，但四十歲的我竟然跟十四歲的我懼怕父親一樣，懼怕我自己的弟弟……總之，我要開始出版作品了。」

克拉拉·維克·舒曼生於1819年，在十二歲就開始公開演出。在她嫁給作曲家羅伯特·舒曼之前，曾經發行過幾首鋼琴曲。但隨著年紀漸

增，她反倒對女性能否有自己的事業失去了信心，她提到，「女人不能想著要創作——根本沒有人這麼做過。」她得照顧大家庭，操持家務，沒有自己的時間，但她也曾經在音樂會演奏夫婿的作品。舒曼過世之後，克拉拉也開始教授音樂，並且在公眾演奏。時至今日，她的作品仍然廣為世人演奏。

法國作曲家路易絲·迪蒙·法蘭克是知名音樂家，1804年出生在巴黎的她，有機會在頂尖的巴黎音樂學院研讀，1842年，她成為19世紀唯一一位受學校聘用的教授。法蘭克每次的巡迴演出總是吸引大批聽眾，她的作品也非常受歡迎。

朵若希·馮·愛特曼男爵夫人於1781年出生在德國法蘭克福。她擁有完美詮釋貝多芬作品的才華，也是第一位演奏他所有奏鳴曲的鋼琴家。貝多芬非常欽佩她的天分，並將A大調鋼琴奏鳴曲（作品號101）獻給她。

主角佛洛斯坦受人誣陷下獄，他忠貞的妻子蕾奧諾拉英勇拯救夫婿的故事。貝多芬躍躍欲試，當他聽說這是法國大革命的真人實事改編時，他知道自己多年來尋覓的佳作終於入手。故事情節強調公平、忠誠與自由——是貝多芬向來最珍視的崇高理想。

一開始，這齣歌劇以劇中女英雄「蕾奧諾拉」為名，但最後改成「費黛里奧」，劇本由約瑟夫・宋萊特納翻譯成德文之後，貝多芬開始將它寫成歌劇。他跟平常一樣全心投入，字字斟酌，考慮所有可能性，仔細推敲每一個音符。他注意到劇本動作不多，但蘊含了強烈的情感。

女主角蕾奧諾拉是貴族的妻子，正是能夠吸引貝多芬的女性類型。他對所謂的「完美」女性有很高的理想標準，因為他母親為他塑造了一個高標準的典範。在他的記憶中，母親是個溫和、虔誠、品性端正又正直善良的女子。貝多芬甚至寫道，「從小時候開始，我就學會熱愛美德。」

〈費黛里奧〉的背景設定是18世紀末期的西班牙。邪惡的獄卒皮薩羅偷偷將他的敵人西班牙貴族佛洛斯坦關了起來，並計畫趁機將他殺死。而蕾奧諾拉甘願冒著生命危險，拯救夫婿的勇敢之舉，深深吸引了貝多芬。為了成功完成任務，蕾奧諾拉喬裝成名叫「費黛里奧」的男子，並成為忠貞奉獻的象徵。她女扮男裝，佯裝與獄卒打成一片。甚至主動提議要在監獄工作，因而順利混進監獄。站在漆黑的石砌地牢中，她看見牢房裡的一名男子，心想那也許就是自己的丈夫。在微弱油燈的光暈中，男子開口，費戴里奧知道那的確是佛洛斯坦。

皮薩羅收到消息，國王要派大臣到監獄視察，了解他是否從事非法行

〈費黛里奧〉的一幕。經聖荷西州立大學貝多芬研究布蘭特中心許可之復刻版

製作〈費黛里奧〉的地牢立體圖型

立體圖型是呈現場景的立體模型,例如在〈費黛里奧〉的地牢裡,蕾奧諾拉挺身對抗皮薩羅,你可以用厚紙板箱當「舞臺」,以紙箱大小製作人偶比例,大型物體可以放後面一些。

材料

◆ 草稿紙　◆ 鉛筆
◆ 尺　◆ 剪刀
◆ 堅固的鞋盒或紙箱
◆ 一些小東西當作「道具」,例如鎖鏈、玩具小椅子等等
◆ 主角蕾奧諾拉、皮薩羅與佛洛斯坦的人偶,可以利用雜誌相片或用黏土也行
◆ 其他小型紙板,如果需要的話,可以用來當作背景裝飾
◆ 黑色勞作紙　◆ 膠水
◆ 十個大小不一的石頭

1. 確定立體圖型的比例,例如,30公分用2公分來表現,因此150公分高的女人,差不多就要用10公分高的人偶,90公分高的椅子會變成只有6公分,以此類推。
2. 在草稿紙上畫出草圖。
3. 蒐集要使用的工具材料,包括小石頭。
4. 製作主角人偶,人偶雙腳處要多留空間,才能用膠水固定在紙箱內,如果人偶站不穩,可以用小紙板貼在人偶背後固定。
5. 把黑色勞作紙剪裁成符合紙箱背面、側邊和底部的大小,再用膠水將其貼在紙箱內。
6. 將道具和人偶放進紙箱,妥善安排位置直到你滿意為止。
7. 將它們黏好。
8. 在石頭上塗上膠水,貼進紙箱裡,以表現出地牢的石頭。
9. 等待膠水全乾,才能移動立體圖型。

為，他明白得在大臣抵達之前，解決被他誣陷下獄的佛洛斯坦。他企圖說服獄卒動手殺死佛洛斯坦，但獄卒拒絕了，於是他決定親自動手。當他走進地牢，蕾奧諾拉站在兩名男子之間，向他挑釁，要他「先殺了犯人妻子再說」。

最終結局是，蕾奧諾拉成功的拯救了夫婿的性命，可惡的皮薩羅被大臣上了枷鎖帶走，當蕾奧諾拉與佛洛斯坦相擁時，所有犯人與鎮民高聲齊唱〈讚嘆白日〉。這是最完美的結局；佛洛斯坦被成功的拯救出來。

進行排練時，貝多芬與歌手發生爭執，因為他們堅持詠嘆調（由單一聲音唱出的歌曲）根本不可能唱；他還跟指揮以納茲‧馮‧翟夫里特吵架，也跟管弦樂團不合，因為他堅信這群人全都刻意忽視他的意見。首演前兩天，貝多芬寫信給朋友抒發他的不悅：「上帝保佑翟夫里特最好能完美指揮我的歌劇，今天我遠遠看他們排練，這樣至少我的耐心不會被逼到極限，也比較聽不見他們亂搞我的作品。」

排練過程艱辛漫長，貝多芬對表演者與樂團的要求很高，他覺得他們處處找麻煩，每次排練他都氣沖沖的離開。

入侵之際的首演

就在〈費黛里奧〉首演前的一個星期，拿破崙的軍隊進入維也納，法國與英國再度交戰，法國希望能夠控制歐洲。1805年時，拿破崙似乎計畫入侵

英國。他讓自己的軍隊在分隔兩國的英吉利海峽沿岸蠢蠢欲動。但當眾人期待英法大戰之際，拿破崙突然讓軍隊掉頭，以迅雷不及掩耳的速度離開海岸，挺進歐陸。

奧地利與俄羅斯已經和英國結盟對抗拿破崙，他們的聯軍駐紮在歐陸各地，只要法軍一抵達英國海岸便開始行動。拿破崙向來是偉大的軍事思想家，他早就看出三國結盟的弱點，並加以善用來擊潰他們。在六星期之內，法國軍隊已經抵達多瑙河岸。拿破崙的軍隊包圍多瑙河畔的烏爾母，使奧地利的軍隊吃了一驚，沒多久就投降了。

奧地利戰敗後不久，勝利在望的法國軍隊挺進維也納，奧地利的貴族深怕被法國人入侵，開始逃離祖國，就連皇帝也跑了。有一晚，貝多芬與朋友坐在他最喜愛的咖啡館聊天，一名法國軍官走過他們身邊時，貝多芬緊握拳頭大喊，「如果我當將軍跟我作曲一樣在行的話，我會找點真正的事情給你做的！」貝

巴黎凱旋門一隅，「拿破崙的勝利」浮雕。Dreamstime圖庫

多芬的一個朋友趕緊拉住他，就怕這位法國軍官會用武力回應這番憤怒的發言，他對貝多芬低語，「還好軍官沒有停下腳步，你不要對拿著槍的人大吼大叫！」

〈費黛里奧〉進行首演的當晚，歌劇院裡坐滿了法國士兵，而非平常會來聽歌劇或音樂演出的觀眾，因為大家都害怕法國人入侵，早就離開維也納了。這些軍人到維也納歌劇院不過是想找樂子，根本不知道當晚要演出什麼。由於法國士兵聽不懂德文，抑或許這群人根本不適合欣賞古典音樂，總之，他們完全不喜歡這齣戲。大家的反應冰冷又疏離，連一點掌聲都沒有。隔天晚上劇院完全唱空城計。維也納的觀眾離開了，法國軍人也沒來看戲，貝多芬對這樣的情形感到心灰意冷，對拿破崙的氣恨更是與日俱增。

就連極少數來看戲的樂評或觀眾也讓貝多芬知道〈費黛里奧〉不太對勁。貝多芬已經準備好重新編曲以及修正故事情節。他鉅細靡遺的檢視每一個細節，他希望自己的作品能讓觀眾接受喜愛，將佛洛斯坦的詠嘆調改了十八次才滿意。

一位新的劇作家參與修正劇本的工作。他是貝多芬在波昂的老朋友，也是他之前的學生史提芬。他重新寫了序曲，原來的歌劇有三幕，如今縮短為兩幕。修改過的〈費黛里奧〉於1806年進行首演，比1805年的初次登場更成功，但是觀眾與樂評的反應仍不如預期熱烈。

就在第二次首演後，貝多芬與劇院行政單位發生爭執，隨即抽掉歌劇接下來的所有演出。〈費黛里奧〉得等上好幾年才又改編、更動，並且演出。

貝多芬的暴躁讓他又跟其他人吵架，這一次是他長期以來的贊助人林區

諾瓦斯基王子。1806年10月，王子要求在自己的宅邸舉辦一場音樂會，卻沒有告訴貝多芬他請了幾位拿破崙麾下的高級軍官前來聆聽。在音樂會即將開始之前，幾位軍官就躲在會場後方的小房間等待。

貝多芬一進到屋內，很快便發現幾位軍官的身影，他大為光火，沒有進行演奏就快步離開王子宅邸。他寫給王子一封信：「王子，你的身分乃與生俱來；我的地位，卻完全靠我的本事。世界上還有成千上萬的王子，但只有一個貝多芬。」

奧地利軍隊在烏姆投降的場景，雕刻家皮耶‧卡第樂的作品。*瑪麗─蘭‧諾言拍攝*

第五、六號交響曲

〈費黛里奧〉的經驗令人失望，貝多芬決定短時間內不再創作歌劇，將之前的樂譜束之高閣。他專注在樂器樂曲的創作。1808年，三十八歲的貝多芬完成了具有獨特動機的C小調第五號交響曲（作品號67）。

動機是一段屬於樂曲主要基調的旋律或樂音，在曲子中可能不斷重複。開啟第五號交響曲的動機在整首曲子中不斷變奏，直到樂曲終結，其「三短一長」的節奏主導了這部交響曲的進行，世人至今耳熟能詳。據說有人問貝多芬第五號交響曲的開頭動機有何象徵意義，貝多芬回答：「命運在敲門。」

第五號交響曲還包含了許多獨特意外的元素。它的兩個樂章彷彿交融為一，並且在最終小節再度使用先前的主題。它也是第一部使用長號的交響曲，但是最突出的還是那成為通篇交響曲的知名動機。

貝多芬住在海利根史塔特時，寫下F大調第六號交響曲（作品號68）的草稿，他稱這部交響曲為〈田園〉或〈回憶鄉間生活〉。第六號交響曲屬於貝多芬自己命名的兩部交響曲之一，他也為第三號交響曲取名為〈英雄〉，其餘作品大部分都是他的樂譜出版商、朋友或樂評給的名字。

在第六號交響曲的札記中，貝多芬提到自己有多麼喜愛大自然。他最愛的莫過於在鄉間悠閒漫步，潺潺溪水與樹上的啼轉鳥鳴都能帶給他靈感，讓他滿心喜悅。他在寫給朋友的信中也經常強調，能夠全心享受體驗自然，對

第五號交響曲的動機。*蘇珊・席伯曼提供*

他而言有多麼重要。1810年，他在一封信中寫道，「能夠短暫的在灌木叢和森林中漫步，走在樹下，踏上綠草地，繞過大岩石，這讓我多麼開心啊！沒有人比我更熱愛鄉間了，森林、大樹與岩石總能給人想要的共鳴。」

貝多芬經常離開維也納到外地渡假，春、夏兩季時也經常住到渡假小鎮。能夠擺脫酷熱擁擠的城市，享受輕鬆涼爽的鄉間空氣總能振奮他的心情，住在恬靜的小城能讓他有更多的創作靈感。

在第六號交響曲的前幾篇草稿中，貝多芬寫下：「聽眾要能心領神會。」他想要聽者在作品中找到大自然的諸多聲音。貝多芬將這樣的理想又往前推進，他在音樂會曲目介紹中寫道，〈田園〉具備的「情感與意象遠超過繪畫作品」。

第五號與第六號交響曲在同一

音樂小百科：何謂動機？

動機是樂曲中的一段和弦或旋律，長度不限，但通常僅是很短的一段音樂，或甚至幾個音符。動機是樂曲的基石，在通篇樂曲中都可能反覆出現。這個字來自拉丁文的「motus」，有「移動」之意。有時動機也會被稱作「主題」，兩者其實可以互相取代。

作曲家利用動機呈現或發展自己的靈感。有些歌劇作曲家會用動機來呈現某位主角、某個想法、物體或甚至地點。文藝復興作曲家在對位法中也利用重複的動機呈現不一樣的聲音。

歌劇作曲家理查・華格納將他使用的音樂主題系統稱為「主導動機」，用以呈現角色、思緒、地理背景，甚至物體。

貝多芬在C小調第五號交響曲（作品號67）中的簡短動機，正是使用動機最好的例子，他僅用了少數幾個音符就主宰了通篇樂曲，讓人一聽就震撼難忘。在這單一動機的環繞之下，他創作出一部壯麗的交響曲。

場於維也納劇院舉辦的音樂會首次演出，貝多芬擔任指揮，當天還有其他作品的演奏，為時共四個多小時。樂團成員們累壞了，對觀眾來說也太過冗長，但大部分的人還是從頭坐到尾聽完了。

修正後的〈費黛里奧〉

在〈費黛里奧〉第二次首演後八年，貝多芬與新銳劇作家喬治・費里德利希・特萊渠克合作，重新審視這部歌劇作品。他創作了新的序曲，對白也更動了，第三版的〈費黛里奧〉戲劇效果更強，於1814年5月23日在維也納宮廷劇院首演，觀眾非常喜愛。在寫給劇作家特萊渠克的一封信中，貝多芬提到：「我現在可以更迅速創作出更嶄新的作品了，不用再拿舊的曲子來添添補補。這部歌劇會為我贏得殉道者的王冠。」

〈費黛里奧〉的最終版本被譽為經典劇作。法國作曲家貝利歐茲・白遼士看完歌劇後表示：「它的音樂會讓人熱血沸騰。」

畫音樂

音樂能在我們心中激起如繪畫般的圖像。貝多芬的〈田園〉交響曲被歸類為「標題音樂」——能夠利用音樂創造畫面，觸動心靈的作品。貝多芬讓音樂彷彿作畫般表達情感。在你聽這部交響曲時，不妨放縱你的想像力，畫出你心中的畫面與影像。

材料

- F大調第六號交響曲前兩個樂章的CD或MP3
- 聽音樂的工具（如iPod、電腦或CD播放器）
- 草稿紙
- 粉蠟筆、蠟筆或馬克筆

1. 第一樂章名為〈到達鄉郊，復甦輕鬆的心情〉，描述貝多芬抵達鄉下的心情。
2. 專心聆聽，設法找出第一樂章出現的七大動機。閉上眼睛，讓思緒漫遊，接著讓畫面浮現腦海。
3. 音樂讓你看見了什麼？畫出圖像。
4. 第二樂章為〈小河旁邊之情景〉，一開始的弦樂演奏在你聽來像什麼？將它畫出來。
5. 貝多芬用管樂器表現鳥兒的啼叫，他以長笛代表夜鶯，雙簧管代表鵪

鶉，單簧管代表布穀鳥。聽見這些聲音時，你又想到了什麼？把它畫出來。
6. 為你的圖畫著色，使它與交響曲一樣精彩豐富。

「特普利策事件」，
畫家：卡爾·羅林。
貝多芬博物館，波昂

Chapter 8

用心傾聽

「我要掐住命運的咽喉；

它不會讓我屈服，也不會把我擊倒。」

——貝多芬，給朋友韋格勒的信

幾年過去了，貝多芬愈來愈聽不見自己的音樂。鋼琴工匠改良了鋼琴的細節，對他多少有點幫助，金屬條加強了木箱的韌度，鍵盤的八度音程數量也增加了。貝多芬使盡全力的演奏方式經常讓鋼琴承受不住，變得支離破碎，沒多久就需要換一架。

貝多芬請製作鋼琴的好友約翰・安德列亞斯・史特萊夏專門替他打造一架鋼琴，聲音愈大愈好。史特萊夏與妻子妮

妮奈特·史特萊夏（1769-1833）

小名「妮奈特」的安娜·瑪麗亞·史坦，為知名管風琴與鋼琴製造商約翰·安德列亞斯·史坦和妻子瑪格達勒娜的女兒。她父親也是作曲家及鋼琴老師，她從小隨著父親學習音樂，長大後更成為傑出的鋼琴家。她與貝多芬從少年時代就在波昂認識了。

她後來嫁給音樂家暨鋼琴製造商約翰·安德列亞斯·史特萊夏，夫妻倆搬到維也納，成立史特萊夏鋼琴公司。史特萊夏夫婦醉心音樂，慷慨開放自家成為音樂沙龍的場地，鼓勵音樂家公開演奏。在維也納，妮奈特與貝多芬再度重逢，她如母親般照顧他，在許多方面都盡力幫助他，甚至偶爾會替他整理亂七八糟的公寓，或把他的衣物拿來縫補清洗。貝多芬很仰賴她給予各方面的建

議，也很珍惜她之於自己的價值。他們之間來往的書信超過六十多封，其中有一封1817年的信，貝多芬還請她替他洗一些衣服。在這些書信中，也常看見貝多芬向妮奈特抱怨自己的傭人。

約翰與妮奈特生了一男一女，約翰·巴布提斯特與蘇菲。蘇菲具有獨特的鋼琴天分，妮奈特偶爾會與女兒在沙龍表演二重奏，蘇菲也很關心貝多芬。1816年12月28日的信件中，貝多芬提到妮奈特「親愛的乖女兒來看我了」。

丈夫過世後，妮奈特與兒子一起經營鋼琴工廠。此時少見女性對家族企業如此有影響力，但妮奈特向來積極參與自家公司鋼琴的設計與製造。

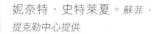

妮奈特·史特萊夏。蘇菲·提克勒中心提供

奈特平常就會在家中舉辦許多重要又好聽的音樂沙龍，貝多芬很喜歡參加這樣的場合。夫妻倆甚至替貝多芬製造了一尊半身像放在家中。貝多芬一生彈奏過不少架史特萊夏鋼琴，它們的品質敏銳精準，正符合貝多芬的需求。

義大利樂匠：巴爾托洛梅奧·克里斯多福里，1726年。

貝多芬在特普利策

1812年，貝多芬去見了他的醫生，四十出頭的他已經不舒服好一陣子了。醫生建議他夏天時到位於波希米亞北方的特普利策小鎮渡假。這座小鎮位於現在的德國與捷克的邊境，四面環山，花園美景盡收眼底。貝多芬才剛到就發現自己有許多可以悠閒散步的去處。醫生還命令他在特普利策要浸泡有療效的溫泉，醫生說：「溫泉長久以來具有療癒身心的效果，特普利策正是能讓你感覺舒暢的好地方。」

伯爵夫人貝蒂娜‧布倫塔諾‧馮‧阿爾尼姆是貝多芬的朋友，當時人也在特普利策。這位年輕女子是一名作家、小說家、業餘作曲家，還是一位歌手。她嫁給一位貴族小說家暨詩人阿希姆‧馮‧阿爾尼姆。伯爵夫人也喜愛散步，她與貝多芬經常在迷人的小鎮漫步，一面閒聊音樂與文學。

某次散步時，伯爵夫人提到她的朋友也要來特普利策，此人正是大名鼎鼎的德國作家歌德。「你想跟他見面嗎？」她笑問著貝多芬，她知道貝多芬是多麼樂意有這樣的機會。他向來非常景仰歌德。

捕捉貝多芬的影像

1812年，貝多芬的朋友約翰‧史特萊夏請雕刻家弗朗茲‧克來恩為貝多芬製作一尊半身雕像，史特萊夏想藉此機會，在家裡的音樂室裡擺放知名音樂家的雕像。克來恩先替貝多芬的臉製作石膏模型，這是所謂的「人面模型」。貝多芬在石膏模型底下不斷皺眉，最終失去耐性，更不想等石膏風乾。他對著雕刻家大吼大叫，說他很不舒服，覺得快窒息了，接著他也不等對方有所反應，立刻扯下面具丟在地上，結果石膏模型一分為二。這下子得再重新敷上石膏了！克來恩安撫了貝多芬，又嘗試了一次。這一次，貝多芬甘願等待石膏風乾，雕刻家才能緩緩取下他臉上的人面模型，這份模型被認為是最能真實呈現貝多芬臉部樣貌的面具了。

弗朗茲‧克來恩製作的貝多芬人面模型，1812年。經聖荷西州立大學貝多芬研究布蘭特中心許可之復刻版

製作石膏人面模型

在攝影發明之前，名人偶爾會製作人面模型，貝多芬的人面模型是由雕刻家弗朗茲·克來恩製作的。美國林肯總統曾在1860年與1865年分別製作過兩具人面模型。你也可以利用簡單的工具為朋友製作這種面具。

材料

- ◆ 罩布　◆ 朋友　◆ 罩衫
- ◆ 浴帽　◆ 凡士林　◆ 剪刀
- ◆ 兩捲石膏布（工藝店均有販售），剪成約2.5x 10公分的長條
- ◆ 一杯水　◆ 白膠　◆ 透明清漆
- ◆ 將紙巾揉成團，才能撐住風乾中的面具

1. 將罩布鋪在地板上保護地板。
2. 請朋友躺下，用罩衫與浴帽保護他或她的衣服與頭髮。
3. 在朋友的臉上與脖子塗上一層薄薄的凡士林，嘴唇、髮線、眉毛、睫毛與鼻翼都要塗，且要小心眼睛周圍。
4. 將一條石膏布沾濕，輕柔的用手指抹去多餘水分，然後將石膏布呈對角線擺在眉毛到鼻梁的位置。
5. 第二條石膏布也是同樣方式，但方向與第一條相反，此時兩條石膏布會呈現X形。
6. 將一條石膏布放在前額位置，蓋住剛才的X。
7. 從前額往下擺放，避開雙眼與鼻孔，一路敷到下顎，但不要超過下顎，再用指頭輕輕壓平石膏布。
8. 再用同樣的方式敷上第二層，接著讓石膏布風乾約十分鐘。
9. 輕輕從邊緣拉起面具。
10. 將石膏面具放在紙團或紙巾上，風乾一整晚。
11. 用白膠抹平面具邊緣，讓它更堅固，等待白膠風乾即可
12. 等到面具完全風乾之後，塗上清漆，以保護面具的完整。

貝多芬回答，「歌德的詩對我有深遠的影響，不只因為它們的內容，更因為它們的音韻旋律；這激勵了我的作曲方向，讓我能夠透過崇高的精神管道達致和弦的完美境界。」他的回答讓她很開心，她回答：「讓我來安排吧。」

貝多芬早在波昂大學時便已經讀過許多歌德的作品，對他的詩集文采更是神往，他很期待與這位備受讚譽的作家見面。伯爵夫人遵守諾言，安排兩人初次見面。歌德前往貝多芬在特普利策的住處好幾次，兩人敬佩彼此的才華風采，但他們的個性天差地遠，對政治的態度與立場也非常不一樣。這些差異在某次會面時變得更加明顯了。

7月的某個午後，歌德到了貝多芬的住處，那天並不太熱，

歌德

在德國文學史上舉足輕重的作家歌德出生於神聖羅馬帝國的城市法蘭克福。他的父親是律師，母親是法蘭克福市長的女兒。歌德的父母非常關心他的教育，也希望他能得到最好的教導。他的父親與許多老師教授歌德許多科目，從各式外國語言到西洋劍術，包羅萬象。

十六歲時，歌德離家到萊比錫大學研讀法律，他也開始創作劇本。三年後，他因為身染重病返家休養，有兩年的時間沒有再回到學校唸書，不過好學的他認真在家閱讀學習。1771年，年輕的歌德終於從大學畢業回到家鄉執業，但他並不喜歡當律師，很快便重拾寫作的興趣。他的第一部小說於1774年出版，讓他聲名大噪。1775年，威瑪公爵在公國提供一個行政工作給歌德，這份工作他做了十年之久。

歌德最知名的作品是《浮士德》，這是分為兩大部分的詩歌體劇作，敘述一位老人將靈魂賣給惡魔，只為了換回自己的青春、權力與知識。這部作品從成形到完成長達五十多年，終於在歌德死後的1833年問世。《浮士德》很快成為許多作品的參考基礎。除了《浮士德》，歌德的作品涵蓋許多領域，如科學文獻與文學詩篇。他的思想對歐洲的文學與哲學有著莫大的影響。

歌德（1749-1832年）。馬可斯‧卡爾提供，*portrait.kaar.at*

「特普利策事件」，畫家：卡爾‧羅林。*貝多芬博物館，波昂*

也不潮溼，看起來似乎不會下雨，於是兩人決定出門呼吸新鮮空氣。他們手挽著手，走進一座花團錦簇的公園，大樹綠蔭涼爽怡人。歌德注意到皇后與王室其他人正走近他們。

「快點，一起來向皇后陛下致意吧，」歌德說道，他對奧地利皇室成員充滿敬意和欽佩，可是他的同伴非常不以為然。貝多芬對必須向皇室致意的行為相當不屑。「我們走快一點，」他說。「皇后才應該來向我們致意才對。」

歌德對於這樣的言詞感到很震驚，他瞪著貝多芬，放開手臂，摘下禮帽，邁開大步走過去向皇后鞠躬行禮、和皇后說話。貝多芬仍忠於原則，確保帽子穩穩的放在蓬亂的頭髮上，手臂緊緊扣在背後，頭也不回的繼續走路。皇后與同伴甚至得讓出空間，讓疾行的貝多芬得以通過。

後來，等歌德找到貝多芬時，貝多芬對他說，「我等你，是因為我尊敬你、我欣賞你的作品，但你對那群人卻展露過多的尊敬了。」歌德則是回答他得離開了。

顯然歌德對這件事很不高興。他在寫給妻子的信中提到，「他的才華令我訝異」，但也提到貝多芬有「完全無法控制的個性」。自從那天以後，歌德不再與貝多芬聯

絡。幾個星期後，貝多芬寫信告訴出版商：「歌德應該頗喜愛宮廷氛圍，詩人實在不該如此。」

同年8月，貝多芬對某位朋友提到他那天的行為，「像我和歌德這種人物出現，那群自以為了不起的傢伙應該看看我們才是真正的偉大。」

貝多芬在特普利策過得聲名狼藉。他寫了三封至今仍讓世人猜不透的情書，它們被稱為「永遠的愛人」情書。學者試圖猜測貝多芬在寫這些情書時，他腦海中想的是誰，因為他並沒有寫上對方的名字和地址，反而稱對方是「我永遠的愛人」、「我的天使」以及「我最親愛的小東西」。這些信是寫給安東妮・布瑞塔諾、泰瑞莎・馮・布朗斯維、茱麗葉塔・古希亞蒂，還是貝蒂娜・布倫塔諾的？這些信沒有標注日期，也從來沒有寄出去，貝多芬死後，才在他書桌的神祕抽屜被人發現。

除了與朋友參加私人聚會，在這個溫泉小鎮擁有帶著浪漫色彩的興趣之外，貝多芬也認為特普利策非常適合創作。他的筆記寫滿了A大調第七號交響曲（作品號92）的靈感，他強化了第一樂章的主調，也用雙簧管獨奏創造了第二個主題。貝多芬希望第一樂章就能力道十足，第二樂章則是以重複旋律呈現。到了第三樂章，貝多芬決定用詼諧曲與三重奏交融，前三樂章則為最後一個樂章添增了力量與節奏。

貝多芬很高興能順利寫完這首曲子，也期待能在它初次登場時上臺指揮。秋天時，他帶著這部交響曲與F大調第八號交響曲（作品號93）離開了特普利策，回到維也納。

拿破崙戰敗

1813年6月，拿破崙的軍隊被威靈頓公爵的武力擊潰的消息傳到維也納。貝多芬很興奮拿破崙終於戰敗，更希望這位獨裁者能就此一蹶不振，法國軍隊也能盡早撤離奧地利。為了慶祝威靈頓公爵在維多利亞戰役大敗法國人，貝多芬創作了〈威靈頓的勝利〉（作品號91）。

德國發明家約翰・梅捷爾請貝多芬創作這首曲子，希望能利用音樂重現精采的維多利亞戰役，他更因此發明了所謂的「潘哈莫尼康琴，一種機械鍵盤樂器」。貝多芬很樂意幫助好友，而且對於能夠創作曲子來慶祝威靈頓公爵在戰爭中取得勝利，他感到很開心，他甚至在音樂中做了特別的效果，尤其是使用潘哈莫尼康琴來模擬戰場上的音效。

貝多芬也決定為這首曲子創作樂團版本。他決定第七號交響曲以及〈威靈頓的勝利〉都要在一場為奧地利與巴伐利亞傷兵舉辦的慈善募款音樂會演出。這場音樂會非常成功。

威靈敦公爵在1815年的滑鐵盧戰役給了拿破崙皇帝的軍隊重重一擊，這是壓垮拿破崙的

慶祝拿破崙戰敗的英國銅版畫。國會圖書館
LC-DIG-ppmsca-04308

最後一根稻草。貝多芬知道這位法國獨裁者被放逐到孤島簡直欣喜若狂，但他也注意到此人已經讓法國大革命的主張與理想感染了全歐洲。貝多芬知道平民百姓不會讓這些崇高的願望隨之消逝，最終對腐敗政權的唾棄也會讓這些歐洲君主被人民推翻，貝多芬樂見其成。他知道拿破崙終究成就了一些好事。

威靈頓公爵。馬可斯・卡爾提供

是什麼導致貝多芬的健康出了問題？

貝多芬發現自己的身體狀況與聽力愈來愈糟糕後，他找了許多醫生諮詢，但他們都不明白是什麼原因導致這樣的情形，醫生們提供各式各樣的治療方式，例如泡溫泉等等，但成效不彰。貝多芬相信研究可以幫助後世，還交代自己過世後進行解剖，以了解死因。1827年貝多芬過世的第二天，韋格勒醫生解剖遺體。他的報告指出，貝多芬的聽覺神經受損，內聽動脈阻塞，但是他並沒有解釋造成這些損害的原因。

過去二十年來，研究人員利用貝多芬的頭髮與骨骼，找出了他們認為可信的貝多芬病因、聽覺受損與死亡原因。1994年，一個放有貝多芬頭髮的小墜子（俗稱格瓦拉墜）在一場拍賣會拍賣，買方將它送給了美國加州聖荷西州立大學的貝多芬研究布蘭特中心。研究人員發現可以用貝多芬的頭髮樣本找到一些藏在DNA裡面的證據。

2005年，伊利諾州的一些美國科學家開始利用X光掃描貝多芬的頭骨，這項計畫被稱作「貝多芬研究計畫」。計畫主持人宣布在貝多芬的骨骼中發現大量的鉛，同樣的結果也出現在貝多芬的頭髮樣本。2010年時，聖荷西州立大學的貝多芬研究布蘭特中心協同紐約西奈山醫學中心的鉛毒專家安德魯・陶德博士再次測試貝多芬留下的樣本，然而謎團至今仍未解開，學者專家發現貝多芬頭骨的鉛含量與當時和他同齡的男子不相上下。因此，科學家宣稱，縱使貝多芬體內的鉛毒或許會讓他煩躁不安，但並不是他死亡的原因。

助聽筒如何運作？

貝多芬的助聽筒是金屬材質，但你可以利用相同的概念，用硬紙板做一個。

材料

◆ 一張約20公分x 15公分的厚紙板，例如卡紙（工藝店均有販售）

◆ 膠帶

1. 將紙捲成圓筒狀，用膠帶固定，這就是你的助聽筒了

2. 傾聽房間的聲音。你聽見了什麼？聲音是從上面、下面、後面、側面哪個方向傳過來的？

3. 將圓筒較小的開口靠近耳朵，小心不要塞進耳道裡。

4. 用助聽筒傾聽剛才的聲音，有沒有什麼差別？助聽筒是否幫助你聽得更清楚？

5. 用手蓋住另一邊的耳朵，隔離其他聲音，在沒有助聽筒的協助下，繼續分辨外界聲音的差異。

6. 你可以到其他房間或室外，測試用助聽筒和不用助聽筒聽到的聲音，可以聽聽音樂或找人說話（不要太大聲；聲音過大會損害你的聽力。）

助聽筒如何運作？聲音靠著振動在空氣中傳遞，這是所謂的「聲波」。你的外耳能夠收集這些聲波，還能辨識聲音是從哪個方向傳來的。助聽筒能利用筒口較大的那一端蒐集聲音的振動，將它們傳達到你的耳朵，這些聲波能讓你的耳膜振動，通過中耳的三根聽小骨擴大音量，將聲音傳遞到內耳。螺旋環繞如蝸牛殼的耳蝸就在內耳，裡面分布著微小細胞「毛細胞」，在聲音傳達振動時會隨之移動，毛細胞會發出電子訊號，讓聽覺神經傳達到大腦。

助聽器材

　　貝多芬意識到自己的聽力愈來愈差，1814年，他請才華洋溢的約翰‧梅捷爾為他設計助聽筒，它能捕捉擴大音效，讓聲音透過貼緊耳朵的管子傳達。當然，如果某人直接對著聽筒開口說話，效果最好。儘管這些器材沒有幫上太多的忙，但貝多芬總會隨身攜帶助聽筒。

　　1818年，貝多芬開始隨身帶空白筆記本，讓身邊的人可以寫下想告訴他的事情。他不再參加正式的社交活動，但還是會與朋友見面，這些小本子就是他與朋友溝通的談話冊。前來看他的訪客會在本子上寫下問題或答案，但貝多芬多半用說的回答，因此這些有紀錄的文字通常都是單向的。貝多芬去世後，人們在他房間發現四百多本這類小冊子。他已經接受自己聽不見的事實，但仍能找到與人們有所聯繫以及和世界溝通的方式。

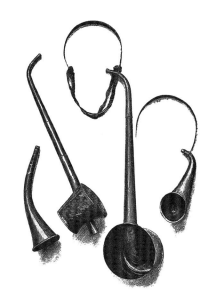

貝多芬的助聽筒。*經聖荷西州立大學貝多芬研究布蘭特中心許可之復刻版*

貝多芬。
紐約市立公共圖書館

Chapter 9

親愛的卡爾

「我從來不為名望榮譽而創作。
我只想抒發我的心；這就是我作曲的原因」
——貝多芬

貝多芬一生都與家人處得不是很愉快。1794 年，卡斯帕跟隨大哥到維也納，雖然兩人經常意見不合，但貝多芬資助弟弟不少錢，甚至也為他介紹學生。1800 年，卡斯帕找到職員的工作，也經常當貝多芬的祕書，替他抄寫樂譜，幫他應付出版商。但經過了這麼多年，兄弟倆的關係卻愈見緊繃，部分原因是因為卡斯帕把自己的創作謊稱是貝多芬的作品，在外兜售。

兄弟倆另一大摩擦主因發生在1806年，貝多芬明確表示自己不喜歡卡斯帕的新婚妻子喬安娜。他認為這個女人的品德個性都不夠高尚。而這位弟媳也對貝多芬懷有一樣的感覺，不信任他也討厭他。卡斯帕與喬安娜結婚幾個月之後生了一個兒子，取名為卡爾。

貝多芬的弟弟患有肺結核，這在當時是很常見的肺疾，他們的母親也是死於同樣的疾病。當卡斯帕得知自己將不久於人世，他向貝多芬提到希望他能與喬安娜成為他姪子卡爾的共同監護人。貝多芬很擔心，因為他與喬安娜形同水火，根本無法忍受彼此的存在，他也希望弟弟改變心意。貝多芬確信喬安娜並不是一個稱職的母親，但他疼愛卡爾，決定將他視如己出。

卡斯帕深信看在孩子的分上，貝多芬會給喬安娜證明自己可以當個好母親的機會。或許卡斯帕認為在需要為孩子做出重大決定時，大哥與妻子終究能改變對彼此的看法。不久之後，貝多芬得知卡斯帕已經將共同監護權這件事寫入遺囑，他再度想要說服弟弟這是很糟糕的主意；然而，一切都太遲了。1815年11月卡斯帕過世，他的遺囑也沒有更動。他身後留下的文件確認了喬安娜與貝多芬對孩子有平等的監護權，孩子未來的幸福成了貝多芬最耿耿於懷的事情。

家族糾紛

九歲的卡爾一開始與母親同住，但一場激烈的攻防戰即將展開。貝多芬

拒絕與弟媳溝通，他很在乎卡爾的教育，也確信自己比喬安娜更能成為孩子的榜樣，他決心要讓唯一的姪子與他同住。喬安娜當然不同意這樣的安排，所以貝多芬帶她去法院，試圖解決這個爭端。

貝多芬與喬安娜第一次一起出現在法官面前時，法官決議兩人必須依據卡斯帕的遺囑，共同享有孩子的監護權，貝多芬對這樣的裁決非常不滿意。1816年，他再度上法院要求孩子的完全監護權。喬安娜甚至一狀告到皇帝面前，但是她的請求被否決了。卡爾的監護權之戰持續了四年之久，雙方各有勝負，到了1820年，貝多芬終於如願取得卡爾的完全監護權。

卡爾對於母親與大伯之間的惡劣爭端極度反感。他現在必須遵從法院裁決，離開母親的房子，與母親不喜歡的人同住。貝多芬稱自己的姪子為「親愛的卡爾」，對他的疼愛溢於言表，但是他沒有當父母的經驗，而且他咄咄逼人的性格帶來了更多問題。

沮喪難過的卡爾逃離大伯的家，回到母親身邊，但是他很快又被帶回大伯家，因為貝多芬決定將他送進寄宿學校就讀。這名少年再一次必須調適自己面對新環境，他與同學處不來，學業成績也不如預期。貝多芬得知這種情況後，立即帶卡爾回到維也納，為他請了家教。

貝多芬的生活一片混亂，他幾乎不可能再專注於其他事情。以往，他通常可以一次進行三、四首曲子的創作，但他告訴好友韋格勒：「我總是一次寫好幾首曲子，而且從來不會被打斷，這裡寫一寫，那裡改一改。」

但是現在，在弟弟過世將近兩年後，貝多芬完全沒有作品問世。他的心思全放在卡爾身上，他時常感到焦慮不安，思考該如何應付這個孩子，解決

1815年，美國傳教士湯馬斯・霍普金斯・高立德開始尋思讓聾人與世界溝通更好的方式。他到歐洲研習當地教育聾人的做法，認識了在巴黎聾人學校教書的洛希一安布魯瓦茲・席卡。席卡邀請加勞德特學習他們的手語系統，法國人很早以前就開發了一套手語系統，能與他們的聾人學生輕鬆溝通。回到美國後，高立德在康乃狄克的哈特福創立了美國聾人學校。他的手語受惠無數人。如果貝多芬當時能用手語與好友溝通，就可以不用將自己想說的話寫在筆記本上了。

材料

◆ 手語字母圖表　◆ 網際網路

1. 利用圖表練習手語字母，直到你能用手語拼出想說的單字。
2. 學好字母表達方式之後，可以上網找到教人以簡單手語溝通的網站，例如美國手語資源網www.lifeprint.com，臺灣手語線上辭典 http://140.123.46.77/TSL/
3. 學習更多聽障人士使用的手語系統和課程，以下是建議網站：
   - 臺灣師範大學特殊教育中心開發「常用手語辭典」APP
   - 臺灣手語翻譯服務資訊網 TSL Interpreting
   - Fb社團www.facebook.com/groups/TSLinterpreting/about/
   - 美國聾人教育工作學校與計畫協會 www.ceasd.org
   - 美國國家聽障人士協會（NAD）www.nad.org
4. 社會上有許多教導聽障人士的網站，可以找出你學區或社區的相關計畫，或是找機會認識計畫主持人。

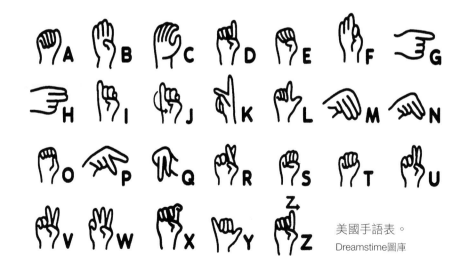

美國手語表。
Dreamstime圖庫

混亂的局勢。同時他的聽力也加速惡化，助聽筒已經幫不上忙了。

　　貝多芬擔心不知道該如何解決與卡爾相處問題，多次找上好友妮奈特‧史崔萊夏討論。她是很有智慧的女人，也是很成功的母親。他們寫了很多信給對方，在信中貝多芬經常詢問她對於各種事情的建議，他們也經常見面。妮奈特很想幫忙，卻發現貝多芬極度頑固，儘管他對姪子的愛顯而易見，但她也觀察到他根本不懂如何教養孩子。

　　雖然貝多芬是卡爾的大伯，但他在寫給卡爾的信中，時常稱卡爾為「我的愛子」，署名為「你的父親」。他原諒卡爾許多次，也很想與他更親近，在1825年兩人某次爭執後，貝多芬寫給卡爾的信，更證明了他是真心疼愛姪子。

我的愛子：

　　世上沒有其他事物，唯有回到我的臂彎，才能讓你無須聽見他人的惡劣言語。求你看在老天的分上，不要急著摧毀自己──我只會更加疼惜愛護你──在不久的將來，我們會友好的討論一切，不再謾罵爭執，我以名譽擔保……唯有回來，回到你父親誠摯的真心身邊吧……

貝多芬

畫有貝多芬在渡假時租的幾間房子的古董明信片。

貝多芬的書信

　　貝多芬一生寫了許多信給家人、朋友、贊助人、出版商及他心愛的女人，這些書信與他的談話冊能讓後世更深入了解他。貝多芬在這些書信中抒發了他的麻煩、恐懼、挫敗、工作往來、財務問題，以及人際關係。

　　貝多芬寫給出版商的許多封信都在討論他遇到的困境，因為當時沒有著作權法，出版商可以花錢買下作曲家的作品，發行之後，某些居心不良的出版商甚至會在不通知作曲家的狀況下，繼續盜版印行樂譜。這讓貝多芬特別沮喪，因為這些人不只偷了他的心血印刷成品，而且錯誤百出。

　　某些信件中展現了貝多芬的幽默感，像是他在1816年寫給女高音安娜·蜜兒達—豪普特曼的笑話，或是他曾經將幾首詼諧的樂曲寄給好友匈牙利伯爵尼可拉斯·智梅斯卡。貝多芬偶爾會在信中附上一首簡短的歌曲或旋律，但有些書信更透露了他對人生的不信任、苦澀與憤怒。

　　貝多芬寫信給仰慕者時，通常會問候對方的家人；他寫給小孩夭折的艾德蒂伯爵夫人的信中，展現了他個性溫柔貼心的一面。在這些信中，他告訴伯爵夫人要多擁抱她其他的孩子們，他說他很心疼他們。通常貝多芬會在信末請收信人常常想到他，並請他們繼續與他當朋友。

　　以下是寫給魯道夫大公的信：

陛下：

　　我好多了，期待能有幸在未來幾天與您見面，彌補之前沒有見面的遺憾。每次沒有如我預期與陛下您會面時，我總會感到焦慮不安，我必須真心的說，這是我的損失，但我相信自己最近應該不會再不舒服了。敬請記得我；下一次見面時，您會知道我值得您雙倍或三倍的友好對待。

　　　　陛下最忠心的僕從　貝多芬

　　大多時候貝多芬會在夏天離開燠熱的維也納城市，到舒適涼爽的鄉下避暑，他偏愛在中世紀時便以水療著稱的溫泉小鎮巴登度過較為溫暖的幾個月。這個小鎮座落在維也納南方大約27公里處，溫暖的泉水與美麗的風光吸引了許多有錢的維也納人。幾位奧地利皇家成員更是固定在夏天入住巴登小鎮，它有青山環繞，鎮上四處可見翠綠的公園，但是在美景環繞之下，卡爾牽扯進一件可怕的事情之中。

　　多年來，卡爾總是深受母親與大伯的糾紛所苦，對自己的人生也毫無興致，他只喜歡打撞球，賭光了大筆金錢。卡爾對自己達不到大伯對他的期待沮喪萬分，也

知道大伯希望他能成為成功的音樂家或學者，但是他從來不讀書，考試也沒及格過。他要怎麼將這些事告訴期望他能繼續讀大學的大伯？

大伯曾寫信給他，「最能紀念你父親、榮耀你父親的，就是熱切求學，努力成為誠實優秀的人。」貝多芬甚至告訴卡爾，等他完成大學學業後，若能因此取得教職是再好不過的了，但這讓卡爾更有壓力了。他知道自己完全無法實現大伯的夢想。在表明想要卡爾成為教授之前，貝多芬甚至想逐步引領他走上音樂家的路，但這也是不可能的，因為卡爾毫無音樂天分，他嘗試過的一切全都付諸流水。

卡爾衡量過自己未來的抉擇，卻發現全都不適合他，他也幾乎無法實現。他對自己很不滿意，也對人生失望──一路上他的決定都糟糕透了，也轉錯了好幾個彎。於是他決定了，要解決問題最好的方式，就是結束自己的生命。1826年7月31日，卡爾爬上位於巴登一處山丘的盧亨史坦城堡遺跡，這座城堡是在12世紀建造的，也是巴登的地標。貝多芬在巴登避暑時，經常來這裡散步。

爬上城堡的陡峭丘陵後，卡爾掏出他最近買的兩把手槍，幸好他根本不知道該怎麼使用，他的自殺企圖沒有成功。第一顆子彈沒有擊中他；第二顆子彈雖然讓他頭部受傷，但並不致命。當人們發現他時，他大聲哭喊：「我有今天的糟糕下場，全因為我大伯督促我變成更好的人！」後來，卡爾被送回母親的家休養幾天。

在奧地利，自殺未遂是犯罪行為，因此警方將卡爾從他母親家帶走，送進醫院。卡爾在醫院治療頭部的傷，接受自殺原因的調查。他告訴醫生他對

巴登的盧亨史坦城堡遺跡。*經聖荷西州立大學貝多芬研究布蘭特中心許可之復刻版*

史塔特邁耳男爵。

自己的人生不滿意，想要有所改變，他解釋他希望能從軍，當個軍人，但是大伯反對。

出院後，卡爾在大伯的談話冊寫了一段感人肺腑的請願文字，明確表示他希望加入軍隊。貝多芬被這次的可怕事件弄得心煩意亂，他一直都想給姪子最好的，但此時他才知道卡爾過得有多麼悲慘。軍隊或許能給予卡爾方向與紀律。最終，貝多芬決定同意卡爾的願望讓他從軍，並開始協助他達到自己想要的目標。

貝多芬與許多朋友聯絡，希望他們能幫助卡爾取得軍職，結果他的老友史提芬正好有人脈可以妥善安排。卡爾被告知可以在當年12月月中加入陸軍副元帥約瑟夫‧馮‧史塔特邁耳男爵麾下。貝多芬將自己的升C小調弦樂四重奏（作品號131）獻給男爵，感謝他接納卡爾加入他的軍團。

卡爾發現大伯身體狀況欠佳，直到1827年1月2日才到軍隊報到。同時，親友也開始尋找可以治癒或至少能夠舒緩貝多芬許多病痛的醫生。皇家醫學學會的成員安德列亞斯‧以納茲‧瓦若區醫生同意替貝多芬檢查，設法找到可行的治療方式。他到了貝多芬的住所，在談話冊上寫下：「在下久仰您的大名，將竭盡所能盡早解決您的病痛。」

貝多芬的醫生

多年來，貝多芬向許多醫生諮詢他的各種健康問題，例如腹痛、憂鬱、過大的情緒起伏與耳聾。這些人都是優秀的醫生，治療過許多貴族病患，但可惜的是，當年的醫藥尚未進步到足以準確診斷治療貝多芬的病痛。

貝多芬的童年好友弗朗茲‧韋格勒並不是他的醫生，但多年來始終是他最好的顧問。韋格勒建議貝多芬找約瑟夫二世的醫學顧問葛哈德‧馮‧費寧醫生，解決他的耳聾問題。

約翰‧法蘭克從1800年至1809年間是貝多芬的醫生，他曾經是沙皇的御醫，也寫過九卷關於公共衛生的書籍，在臨床診斷上也有幾次重大發現。

喬凡尼‧馮‧馬法第在1808年至1816年時治療過貝多芬，直到兩人起了爭執，結束醫病關係。十年後，馬法第醫生再次被請求治療垂死的貝多芬，他開了一種水果酒當作處方。雅科伯‧馮‧史塔登漢摩醫生建議貝多芬多泡溫泉，但是貝多芬拒絕聽從他的許多建議，他非常不高興。

維也納大學教授安登‧布朗霍夫擔任貝多芬的醫生六年，直到1826年。他要求貝多芬遵守嚴格的飲食規定，他將規定寫在談話冊中：不准喝咖啡、葡萄酒，也不能吃辣。但他頑固的病人拒絕放棄品嚐美酒的任何機會。1826年，依卡茲‧瓦若區醫生接下貝多芬私人醫生的工作，也請來外科醫生約翰‧賽伯特為貝多芬解決腹水問題。

這些全都是倍受尊敬的名醫，他們以自己的醫學知識竭盡全力想舒解貝多芬的痛苦。貝多芬很擔心自己的身體，但令人沮喪的是，他的健康再也回不去了。

群眾聚集在一起
參加貝多芬的葬禮。
貝多芬博物館・波昂

Chapter 10

人生的巔峰

「音樂就該激發男人內心的烈火，讓女人淚溼滿襟。」
——貝多芬

貝多芬就算滿心煩擾、病痛纏身，他還是創作出他最傑出的作品。他的「晚期」約莫開始於 1815 年他弟弟過世之際。他的筆記寫滿了新作品的靈感與想法，但真正的創作卻遲遲未問世，因為他正忙著解決姪子的監護權紛爭。

1820年，貝多芬恢復以往規律的生活，每天早起，小心翼翼的數著該磨成粉末的咖啡豆數量，喝杯咖啡，然後專注的創作一、兩份作品直到午後。他此時的作品更具有

獨創性，跳脫傳統框架，情感更為強烈。這些晚期的作品徹底展露貝多芬超凡的天賦。

貝多芬的第九號交響曲

貝多芬最受世人喜愛的作品之一就是他的D小調第九號交響曲（作品號125）〈合唱〉。這是貝多芬所寫的最後一部完整的交響曲，他也是在眾多作曲家中，在交響曲中使用人聲的第一人。貝多芬在1818年就著手寫這部作品，花了幾乎七年的時間才完成，結果便是這部最廣為人知的交響曲。第九號交響曲被視為貝多芬交響曲的經典鉅作。

對貝多芬而言，創作一向不容易，這份作品特別需要縝密規畫與專注心力。貝多芬為這部合唱的交響曲寫了兩百多份草稿，嘗試找出最合適的組合，確保交響曲的樂章能完美相契，每個音符都能打入聽眾的心坎。貝多芬向來對自由、公正與平等深信不疑，現在他想將世人博愛的信念寫入自己的音樂之中。前三個樂章成形之後，貝多芬決定要找到一個能融入這些崇高理想的結尾。

三十年來，他一直想將知名德國詩人席勒的詩〈歡樂頌〉配上音樂。這首長詩的字字句句都在向貝多芬吶喊，要他找到合適的音符搭配它們。貝多芬的作品向來大膽創新，他覺得這首詩正是第九號交響曲的絕佳收尾。他知道交響曲從來沒出現過合唱曲，他很擔心如果自己真的這麼做了，聽眾會有

席勒。馬可斯・卡爾提供，*portrait.kaar.at*

什麼反應，也不確定自己該如何進行。

這首交響曲原有的三個樂章已經比貝多芬其他完成的交響曲還要長，他不斷反覆推敲斟酌，思考第四個樂章的合唱曲又該如何加入現有的三大樂章。因為太沒把握，貝多芬另外寫了一個只有樂器演奏的第四樂章（後來這個樂章成為另一部作品）。但他還是回到最初的想法，席勒的詩就是這部交響曲的最佳結局，最終他仍是放手創作。

儘管心意已決，貝多芬還是得決定該用長詩的哪幾段文字。他左思右想，考慮良久，也寫了許多草稿，但它們似乎都不夠好。有一天，一位朋友來找他，貝多芬從草稿本抬起頭來，大聲叫道：「我找到了！我找到了！」他終於成功的將詩句納入音樂，為文字賦予音符了。

有了席勒的文字做為引導，貝多芬為樂譜打造了既定輪廓。他只需要寫上幾句話做為合唱曲的開端，於是他加入了這些文字：「啊！朋友，何必老調重彈！還是讓我們的歌聲匯合成歡樂的合唱吧！」接著，合唱團便會唱起席勒頌歌的前三段。貝多芬只放入這首長詩的三分之一內容，根據自己的想法重新排列先後順序。合唱團共唱了八段頌

〈歡樂頌〉

啟蒙時代強調人人平等包容，以及世界大同博愛的思想。啟蒙時代的思想家深信理性思考會為全人類帶來和諧與社會公義。

席勒（1759-1805）是德國偉大文學領袖之一。他的作品以具有適於歌唱的風格與道德洞察力聞名。席勒相信人們應當無視彼此的差異，用友誼連接彼此。他的詩〈歡樂頌〉在1785年完成，深切反應他對人類自由平等的信仰。歷史學家解釋席勒一開始曾經將這首詩取名為〈自由頌〉，但皇室督察卻要求將自由兩字換掉。

〈歡樂頌〉吸引了許多作曲家，在它問世的同一年，有十幾位作曲家便爭相將它的內容引用入自己的作品。貝多芬早在1793年便想為它編曲，在〈費黛里奧〉最後一段合唱時，他便使用上了這首詩的其中一句，「誰有一個溫柔的妻子，請來同聚同歡慶！」

席勒的頌歌禮讚人類的無限可能：強調友誼與和平。貝多芬在第九號交響曲用上席勒的詩，儘管經過更動，但席勒的文字依舊璀璨。這兩位偉大人士有著同樣願景，透過貝多芬的音樂，席勒的詩觸及數百萬人的內心。

詞，通篇樂章都在強調人們應該活在歡樂與友誼之中，這是貝多芬最希望傳達的人性真情。

這部交響曲是由倫敦愛樂委託創作，理應在倫敦首演。但經過一番波折，首演於1824年在維也納登場，此時貝多芬已經五十四歲，這是他十年來第一次舉辦公開音樂會。節目單上清楚記載這是要獻給普魯士國王腓特列·威廉三世，隻字未提倫敦愛樂。第二年這部交響曲終於在倫敦演出，簡介上明白表示這部交響曲是專為倫敦愛樂協會所創作。

成功的音樂會
· · · · · · · · · · · · · · · · · · · ·

在創作第九號交響曲的同時，貝多芬也在創作D大調莊嚴彌撒（作品號123），彌撒是教堂經常會舉辦的敬拜儀式。貝多芬著手創作這首彌撒曲前，花了一年的時間研究，這首彌撒是貝多芬的贊助人兼好友，也是他學生的魯道夫大公請託創作的，他希望能在自己榮登大主教的彌撒儀式上聽到這首曲子。魯道夫大公一直很支持貝多芬，多年來都是他最忠實的贊助人，貝多芬欣然同意大公的請求，也想要藉此表達自己對慷慨又友善的大公的由衷感激。

1819年，貝多芬已經寫好這首曲子的大綱，他寫信告訴大公，「由我創作的莊嚴彌撒若能有幸在陛下您崇高的登位儀式演出，將是本人最榮耀的一

天，神會啟發我的淺薄陋才，讓我在那最莊嚴的一天之前，完成這首偉大的曲子。」他又補充，「我編寫這首偉大彌撒的首要目標，就是喚醒演唱者與聽眾心底最虔誠的宗教信念。」

貝多芬此時經常身體不舒服，因此創作進度不如預期，他知道可能趕不上1820年3月的儀式，最後，貝多芬花了四年半才完成〈莊嚴彌撒〉。他與往常一樣，同時進行好幾首曲子的創作，彌撒曲也常被擱置一旁。

魯道夫大公（1788-1831）

魯道夫是奧地利神聖羅馬帝國皇帝法蘭西斯的弟弟，也是貝多芬最重要的贊助人之一。他是雷歐波德二世與西班牙國王女兒瑪麗亞‧路易沙所生的十五個孩子中的老么。童年時他所受的教育都注重在學術領域，但他最喜愛的還是音樂，他在這方面也的確才華洋溢。他傑出的鋼琴演奏在維也納貴族沙龍間得到很高的評價。1803年左右，他開始跟著貝多芬學鋼琴與作曲，這些課程持續到1824年，有時每天都有課。貝多芬與他書信往來頻繁；大公保存了一百多封兩人的信件。

1805年魯道夫準備從事軍職，但他的癲癇發作，加上宗教信念讓他改變心意。儘管他畢生獻身教會，他對音樂的熱愛卻從未停歇。但在他二十多歲時，他的雙手得了關節炎，導致他無法彈琴，不過大公持續付給貝多芬薪資，也經常在許多方面資助他。為了表達自己的感謝，貝多芬將自己的十四首作品獻給大公。1820年時，魯道夫受封成為奧地利帝國的歐姆茲大主教。

大公熱愛收藏手稿與書籍，在他的圖書館中，收有許多貝多芬樂譜的手稿。魯道夫自己的作品也很豐富：有長笛、大提琴與鋼琴三重奏、鋼琴小提琴奏鳴曲；以及貝多芬主題的十四首變奏曲。大公在四十三歲時於溫泉小鎮巴登過世。

為貝多芬的音樂CD撰寫封套文字

傳統黑膠唱片的封套文字最早是在介紹唱片內容，隨著光碟或CD的問世，「封套文字」也開始介紹音樂與音樂家。音樂學者理查‧奧斯本為卡拉揚的柏林愛樂所演奏的一系列貝多芬作品撰寫封套文字，並評論每一部交響曲。關於第六號交響曲，他提到貝多芬曾經拒絕租下一棟四周都沒有大樹的公寓，他在結論引述貝多芬的話「我愛綠樹甚於愛人」，總結了貝多芬對大自然的感覺。你也可以寫下自己的封套文字，讓人們會想要聽你介紹的音樂。

材料

◆ 你最喜愛的貝多芬作品，例如某部交響曲或奏鳴曲。

◆ 播放音樂的工具（如iPod、電腦或CD播放器）
◆ 網際網路　◆ 筆與紙
◆ 有文書處理軟體的電腦　◆ 剪刀
◆ 空的CD盒
◆ 膠水或膠帶（非必要）

1. 當你用iPod、電腦或CD播放器聽貝多芬的音樂時，把以下的作品訊息寫在紙上，或是打在電腦上。
   ・你選擇的曲子名稱
   ・作曲家的名字
   ・獨奏者（如果是和管弦樂團一起演出）或演奏者的名字
   ・樂團名稱
   ・指揮的名字
2. 描述音樂或音樂家演奏的特色，你或許可以上網搜尋其他文字敘述，了解別人是如何介紹演奏者、樂團與指揮。

3. 你能讓聽眾如何認識這首曲子？你能將從這本書中看到關於作曲家生平的某個小故事，與所選擇的音樂連結在一起嗎？這張CD何以特別？

4. 在電腦上打開一個全新的文件檔案，兩旁留白，設定為約13公分×12公分的長方形，將你的紀錄打字列印，剪成13公分×12公分的長方形，然後將剪好的紙塞入CD盒。如果你是拿之前你設計的貝多芬音樂作品CD封面，那麼你可以將封套文字貼在或黏在CD盒背後，這樣就完成了。

貝多芬的信仰非常虔誠，卻不常上教堂。他家信奉天主教，但他本人很少參加敬拜儀式，不過他的圖書室卻放了許多與宗教或心靈探索相關的書籍，例如〈聖經〉、康德的〈天體理論〉、普魯塔克的作品、莎士比亞的劇作以及歌德和席勒的著作。在他的〈莊嚴彌撒〉草稿中，貝多芬寫著，「獻給從未放棄我的上帝。」

當他終於完成〈莊嚴彌撒〉後，貝多芬才發現它對演唱者或演奏者都會是一大挑戰，因為這首彌撒曲長達九十分鐘，會拉長教堂敬拜儀式的時間。這首曲子原本計畫於 12 月在聖彼得堡首演，目的在為音樂家的遺孀們募款，最後也沒有如期進行，這首曲子的首演直到 4 月才上場。貝多芬在音樂會的節目單上寫道「這是我發自內心的作品……希望觸及大家的內心。」

音樂會安排妥當之後，大家只剩下三天時間可以排練。第九號交響曲就要與〈莊嚴彌撒〉（它由序曲與三大樂章組成）一起演出，這對音樂家們都是很艱困的挑戰與考驗。門票售罄，座無虛席。在演出之後的一場慶功宴上，貝多芬控訴製作人欺騙他，他們告訴他由於成本太高，這次的利潤少之又少。憤怒的作曲家衝出宴會現場。

〈莊嚴彌撒〉的前三樂章在 1824 年 5 月 7 日與第九號交響曲共同演出，地點是維也納的卡特納托劇院。這部交響曲需要集結大型管弦樂團演出，作曲家又多加了兩名管樂器演奏者。強烈情緒的迸發讓聽眾聽得非常過癮。貝多芬坐在舞臺上面對樂團與指揮。在演出結束之後，觀眾熱烈鼓掌叫好，其中一位歌者走到貝多芬身邊，讓他轉身面對群眾，見證人們對他偉大作品的激賞與肯定。貝多芬深受感動。

鄉間之旅

········

　　在貝多芬享受音樂成就巔峰的同時，他正在設法解決姪子卡爾想要自殺的企圖，也終於同意讓卡爾從軍。卡爾已經出院，但仍然需要好好靜養才能到軍隊報到。貝多芬的身體也不好，不過在瓦若區醫生的悉心照料下，狀況已經有些許改善。貝多芬的弟弟尼可拉斯‧約翰也請貝多芬到自己位於格尼森朵夫的鄉間宅邸住一段時間，貝多芬認為那裡應當很適合卡爾休養、恢復體力，於是兩人在1826年9月28日離開維也納，隔天抵達格尼森朵夫。

　　尼可拉斯‧約翰是藥師，他與妻子居住的鄉下位於維也納北方約97公里處。景致優美的鄉間總讓貝多芬靈感迸發，來拜訪弟弟的這段期間，他經常出門散步，在腦海中編寫樂譜，一面哼歌，對著空氣指揮。格尼森朵夫的居民對此人怪異的行為與邋遢的外表相當震驚，正如早年海利根史塔特小鎮鎮民也覺得他困惑又可笑。貝多芬盡量不去搭理他們，自顧自的掏出筆記本寫下腦海中的想法。

　　在格尼森朵夫時，貝多芬寫了一首弦樂四重奏，也進行其他作曲。有些日子特別令人情緒緊繃，因為他與弟弟的關係並不好，吵起架來還會翻舊帳，事後也不曾和好或向彼此道歉。貝多芬原本沒有計畫久待，但他還是跟卡爾住在這裡兩個多月。由於貝多芬覺得身體不太舒服，他決定回到維也納找醫生。在冬天霜降之前，貝多芬知道他們離開家太久了，於是他安排在11月底、12月初的時候離開。

受貝多芬影響的作曲家

出發當天天氣溼冷，貝多芬坐進一輛敞篷馬車。才剛回到維也納的家，貝多芬便已經病重，他不斷打顫，而且體溫非常高。回程時他得了肺炎，肺部積滿了液體，使他每一次呼吸都得費盡全身氣力；眾人督促他臥床休息，但他固執的堅持：「我家裡還有事情要忙，曲子也還沒寫完」。

當時貝多芬正在寫一部新的交響曲，他想繼續將它完成，但他實在難受得無法專心，每一次呼吸他的肺部就疼痛不已，高燒讓他不斷發抖打顫。但是貝多芬逼自己工作，他知道他還有很多事情沒有完成。他曾經這麼告訴朋友，「我覺得自己才寫了幾個音符而已。」

貝多芬作曲長達三十五年，他總是不斷的追求完美，謹慎斟酌每一個音符。他是個偉大的改革者，拓展前輩作曲家的極限，為後輩設立了更崇高的標準。

舒伯特（1797-1828）企圖讓自己的作品不要受到貝多芬的影響，偏偏他又是貝多芬的忠實粉絲，他跟貝多芬一樣勇於挑戰傳統音樂形式。舒伯特也住在維也納，在貝多芬離世前經常探訪他。舒伯特曾經抱怨，「貝多芬之後，還有誰能創造偉大呢？」

貝多芬也影響了浪漫時期作曲家舒曼（1810-1856）的作品，他的抒情作品多半以古典形式呈現。舒曼的第二號交響曲便是向貝多芬致敬，採用「命運」主題，發展尾聲，並以一段詼諧曲延長曲子。舒曼認為貝多芬就是不可多得的天才，樂於擁抱尊敬貝多芬所奠定的標準。

作曲家兼鋼琴大師李斯特（1811-1886）奉貝多芬為偶像。李斯特以創作交響詩聞名，這是單樂章的管弦樂作品，能夠喚醒聽者心中的意象。音樂學者深信他創作這種體裁的樂體時，必然是以貝多芬的〈田園〉交響曲為主軸。

布拉姆斯（1833-1897）是另一位遵奉經典形式的浪漫時期音樂家。他的作品充滿貝多芬的精髓，一位指揮曾經稱他的第一號交響曲為「貝多芬的第十號交響曲」。布拉姆斯延續了古典時期的音樂傳統。

馬勒（1860-1911）是貝多芬之後最後一位維也納交響樂作曲家。他強烈壯闊的曲風總需要超大型管弦樂團才有辦法詮釋。他有四部交響曲都加入了合唱團或獨唱者。馬勒正如貝多芬，對作品字字斟酌，精心謹慎。

就連現代「流行」或實驗音樂家也會將貝多芬的偉大作品納入自己的歌曲。例如瓦特‧莫非與大蘋果樂團的迪斯可舞曲〈貝多芬五號〉就是以第五號交響曲為根據。貝多芬的交響曲也曾運用在許多電影中，例如「幻想曲」（第六號交響曲）、「終極警探」（第九號交響曲）以及「春風化雨1996」（第七號交響曲）。

看看你的肺是怎麼運作的

貝多芬得到肺炎後，才發現原來呼吸會如此困難，因為他的肺部積滿液體。當你呼吸時，空氣通過氣管進入肺部，肺部下方是橫隔膜，這個圓拱形的肌肉會改變肺部壓力，讓它們能收縮釋放空氣。你可以利用氣球觀察吸氣時，肺部是如何脹大，呼氣時，肺部又是如何收縮。

進行此實驗大人必須在場監督。

材料
- 一公升裝的乾淨塑膠水瓶（也可以用汽水或礦泉水寶特瓶）
- 剪刀　- 小刀　- 大氣球
- 兩條橡皮筋　- 吸管
- 小氣球　- 油土

1. 在大人的協助下，小心使用小刀裁去塑膠瓶的底部。

2. 用剪刀剪掉大氣球的頸部。

3. 將氣球覆住塑膠瓶底部。

4. 把橡皮筋纏在氣球上方，使其固定。氣球就等於你的橫隔膜。

5. 將吸管插進小氣球，也用橡皮筋固定。

6. 把小氣球與吸管放進塑膠瓶口，吸管在外面，氣球在瓶子裡，但是氣球不要碰觸到底部的大氣球。小氣球就是你的肺部。

7. 用油土將瓶口吸管固定，確保吸管正常運作，空氣能夠通過。

8. 用一隻手拿著塑膠瓶，然後輕輕拉下瓶底的氣球。此時會發生什麼現象？當你吸氣時，橫隔膜會往下，其他依附在肋骨的肌肉會讓胸腔擴張，此時的真空狀態就會讓空氣進入肺部。

9. 放鬆瓶底氣球。現在又有什麼現象？你吐氣時，橫隔膜與肋骨都放鬆了，空氣也從肺部釋放出來了。

最終章

······

　　到了3月，貝多芬臥床不起，他的醫生再度被找來。貝多芬抱怨他肚子痛，而且每講幾個字就會咳嗽，幾乎無法說話。醫生抽出他的腹水，在傷口敷藥，他已經竭盡全力幫助病人了。

　　卡爾終於在1月的時候到軍隊報到，當他返家發現大伯病重，回軍隊之前，他寫了一張紙條，說自己很快就會回來。但卡爾不確定大伯能否再多撐幾天，也不知道自己下次回來時，大伯是否還在人世。姪子一離開後，貝多芬便知道自己有重要的事情要做——他得安排好自己的身後事，他簽妥遺囑，將一切留給他的姪子。

　　貝多芬的朋友知道他的日子不多了，聚集在病榻前守護著他。屋裡屋外一片愁雲慘霧。3月份的天空灰濛濛的，強勁的寒風不斷吹襲光禿禿的枝椏。

　　1827年3月26日下午，維也納出現駭人的暴風雨，隆隆雷聲與誇張的閃電猶如劃破天際的燦爛煙火。陣陣光芒從窗戶映入室內，偶爾照亮昏迷不醒的貝多芬所躺的床，突然間，震耳欲聾的雷聲響起，貝多芬睜開雙眼，抬起身軀，右拳緊握，接著又頹然摔回床上。此時聚在房裡的眾人才發現貝多芬斷氣了。

　　葬禮舉行之前，許多友人齊聚到貝多芬的住所，其中一位是史提芬十二歲的兒子蓋哈，在貝多芬過世前的兩年間，蓋哈經常跟著父親來探視貝多芬。此時貝多芬已經住進離老友家不遠的一棟建築物，它的名字叫做「黑袍

西班牙人」，因為這裡曾經是一群西班牙修道士的修道院。年輕男孩記得貝多芬說過的每一句話，專心到連貝多芬都戲稱男孩是「長褲鈕扣」，表示蓋哈與他密不可分，就像他長褲上的鈕扣。貝多芬很喜歡朋友帶兒子來訪，特別高興有可愛有趣的男孩作伴。

蓋哈對自己音樂偶像的一舉一動以及周遭環境觀察入微。多年後，他寫了一本書描述自己在貝多芬過世前幾年的所見所聞，書名就叫《紀念貝多芬：黑袍西班牙人大樓裡的種種》。書中蓋哈提到自己與貝多芬的熟悉程度：

以德勒姆的繪畫作品「貝多芬的夢」製作的鑄版畫。
國會圖書館LC-USZ62-85831aa

我們因為住得很近，所以成了莫逆之交──對我父母而言，他是他們的老朋友，對我而言卻是嶄新的友誼──我年輕時期這段深具啟發意義的友誼時間實在太短暫，驟然的結束更讓我終生難以忘懷。也許就是因為稍縱即逝的深刻情感，才讓當年無憂無慮、十二歲的我印象深刻。命運之手結束了我與貝多芬的連結，也就此改變了我的一生，那段歡樂的時光記憶將跟隨我一輩子。

蓋哈描述他與父親史提芬在貝多芬過世第二天又去了貝多芬的寓所。他們都敬重喜愛貝多芬，想要擁有關於貝多芬的紀念物，他們原本打算剪去貝多芬的一綹頭髮，可是走進放置貝多芬靈柩的房間後，他們才發現其他人也有同樣的想法，貝多芬的頭髮已經被許多人剪去當紀念了。蓋哈的心好痛，知道自己再也沒有可以紀念這個他景仰的長輩的東西，但他也意識到原來有這麼多人敬愛這位作曲家，也想要永遠懷念他。

3月29日星期四，就在貝多芬過世三天後，3月的天空蔚藍清朗，陽光燦爛耀眼，可是整個維也納都陷入哀傷的情緒，就連學校也停課，數千人都來參加貝多芬的葬禮，因此士兵駐守在街道，協助警方指揮秩序。

據估計有兩萬人參加貝多芬的葬禮，其中包括許多知名的藝術家，大家齊聚在貝多芬的寓所附近，他簡單的橡木靈柩放在庭院的某處平臺，上面擺放著以白玫瑰為主的花飾。人們急急湧入「黑袍西班牙人」建築空地，都想靠近棺木，一睹自己喜愛的音樂家，士兵們得努力將他們推離庭院大門。

八名抬棺者舉起棺木之前，葬禮音樂已經響

貝多芬的頭髮記事

羅素·馬丁與麗第亞·妮伯利三年前寫了一本書，書名叫做《貝多芬頭髮的謎團》，記錄了貝多芬的一綹頭髮如何飄洋過海到美國的故事。18世紀時，人們習慣留下心愛亡者的一綹頭髮做為紀念，貝多芬的幾位朋友在他死後便剪下了幾綹他的頭髮。

其中一位是費迪南德·希勒，這位十五歲的音樂家在貝多芬病重時曾多次探望他，他剪下的貝多芬頭髮更展開了一趟奇妙之旅。希勒後來成為作曲家兼指揮，他將貝多芬的頭髮用玻璃木框裱起來，他非常珍視這個紀念品。1883年時，他將它給了兒子保羅，此後這項傳家寶物在希勒家族傳了幾代，但在逃離納粹大屠殺時，他們將它帶到丹麥。

二次世界大戰時期，這項寶物送給了一位拯救猶太人的醫生；1994年，也就是二次世界大戰結束五十年之後，這項寶物出現在拍賣會上，兩位貝多芬的仰慕者買下了它，費迪南德·希勒在木框裡放了一張紙，詳加敘述內容物與來源。有幾根髮絲被取出接受DNA檢驗，其餘的仍然保存在原有的木框中，目前在聖荷西州立大學的貝多芬中心展示。

起，八名抬棺者中有貝多芬的朋友兼前學生徹爾尼與作曲家舒伯特。他們神情莊嚴的抬棺走過庭院，此時，他們身旁的音樂家人人手執蠟燭，抬棺者繼續緩緩走過人潮夾道的大街，前往亞賽街的教區教堂。

跟在貝多芬棺木後面的是他的弟弟約翰、姪子卡爾，好友史提芬與他的兒子蓋哈。由於瞻仰人群過多，抬棺者走了一小時才抵達一個街區外的教堂。音樂家此時開始演奏〈送葬進行曲〉，這是貝多芬的第十二號鋼琴奏鳴曲（作品號26）。

史提芬・馮・布勞寧。馬可斯・卡爾提供，
portrait.kaar.at

約有兩萬人聚集在一起參加貝多芬的葬禮。貝多芬圖書館，波昂

教堂進行追思儀式時，士兵正設法控制外面的秩序——太多人哭得很傷心或是感到悲痛。儀式結束後，大批人群有人騎馬、有人搭著馬車，跟著靈車前往維也納西北方的威靈公墓。車隊中有許多都是皇家成員，這是對一位偉大音樂家最恰如其分的致敬。

威靈公墓並不是貝多芬最後的安息地。1888年，他的棺木被遷葬到維也納最大的墓園維也納中央公墓。人們樹立一座宏偉的紀念碑，標誌他的墓地所在。

奧地利頂尖劇作家法蘭・格里帕策寫了一段悼文，由貝多芬的演員好友漢力・安休茲朗讀，這段頌詞說出了所有參加貝多芬葬禮的人們以及他的崇拜者的心情：「他是藝術家，有誰能與他平起平坐？正如汪洋大海上翻騰的暴風雨，他奮力達致自己藝術的巔峰極限……他就是這樣，也就這麼離我們而去了，他將永恆長存。」

維也納的貝多芬墓碑。達德若拍攝

謝辭

　　謝謝芝加哥評論出版社的諸位編輯，特別是開發部編輯麗莎·瑞爾敦。我還要特別謝謝我的孫女茱莉亞和琴恩幫忙測試書中的21項趣味活動。感激優秀的蘇珊·席伯曼認真為我設計音樂活動。此外，感謝我先生這麼多年來幫我理解電腦龐雜繁複的功能；進入21世紀後，更要感激他時時為我充實科技新知。我還要謝謝教導我音樂的諸位恩師，他們讓我深刻認識並喜愛古典音樂，成為我終生的樂趣。

參考資料來源

CD、DVD 與網站推薦

CD 類

亞瑟‧魯賓斯坦：貝多芬鋼琴奏鳴曲全集（RCA）

亞瑟‧魯賓斯坦重新演繹錄製貝多芬的作品，亞瑟‧魯賓斯坦是 20 世紀最偉大的鋼琴家之一，他精湛詮釋貝多芬的音樂。CD 的曲目包括：

C 小調第八號鋼琴奏鳴曲（〈悲愴〉）作品號 13

升 C 小調第十四號鋼琴奏鳴曲（〈月光〉）作品號 27-2

F 小調第二十三號鋼琴奏鳴曲（〈熱情〉）作品號 57

降 E 大調第二十六號鋼琴奏鳴曲（〈告別〉）作品號 81a

貝多芬：暢銷作品集（RCA）

本張 CD 精選貝多芬經典作品。管弦樂團、指揮與獨奏者都是一時之選，堪稱入門貝多芬世界的最佳選擇。

貝多芬：九首交響曲（Deutsche Grammophon）

雷歐納德‧伯恩斯坦指揮維也納愛樂樂團，精彩詮釋貝多芬的九大交響曲，CD 為音樂會實況錄製。

貝多芬：鋼琴協奏曲（Decca）

祖賓‧梅塔指揮以色列愛樂樂團，搭配羅馬尼亞鋼琴家拉杜‧路普，兩者天衣無縫的完美演出，本 CD 經過二十年的錄製，最終呈現。

貝多芬的假髮：卡啦 ok 交響樂（Rounder Records）

瘋狂搞笑的歌詞配上貝多芬的交響曲會是什麼模樣？本 CD 創意十足，多次獲得葛萊美獎提名。歌曲提供作曲家們的資訊以及他們超棒的音樂，你可以隨著這些有趣的音樂唱歌跳舞，不要懷抱著感性的心情來聆聽。

DVD 類

「貝多芬住我家樓上」（Devine Videoworks Production，1992 年；大衛‧德芬執導）

這部電視電影以一位小男孩為主角，貝多芬就是他家樓上的房客，影片出現了幾首貝多芬最喜愛的作品，由瓦特芭比亞克指揮。（本片也有書籍版。）

「尋找貝多芬」（Microcinema，2010 年，菲爾‧葛拉絲基執導）

這部紀錄片深入探索作曲家的生平。葛拉絲基訪談歐美各地的歷史學者與音樂家，配樂也包括幾位音樂家演奏貝多芬的作品。

以下列出幾個地方，有機會你可以親自造訪，或者直接上網參觀也可以喔！

美國貝多芬學會 The American Beethoven Society

http://americanbeethovensociety.org

這是專門研究貝多芬生平與音樂的國際機構，學會每兩年出版《貝多芬期刊》，贊助全美各地的許多相關活動，如音樂會、演講、晚宴、電影試映會與年度青年鋼琴家貝多芬大賽。

貝多芬之家博物館 Beethoven-Haus Museum

www.beethoven-haus-bonn.de

Bonngasse 18-26

Bonn, Germany

此博物館座落於貝多芬出世的房子，館藏有全球最豐富的貝多芬紀念品，博物館也提供數位檔案庫，展出作曲家的生平紀錄與音樂作品。

不朽的貝多芬 Beethoven the Immortal

www.lucare.com/immotal

本網站以貝多芬生平與作品為主，包括節錄貝多芬的書信、影像紀錄、音樂檔案等等。

貝多芬研究布蘭特中心

www.sjsu.edu/beethoven

貝多芬研究中心位於加州聖荷西州立大學馬丁路德‧金恩博士圖書館五樓 580 室的特展區。收有貝多芬一絡頭髮的格瓦拉墜也在此展出。中心收藏包括許多貝多芬手稿與樂譜、古鋼琴、繪畫作品以及與貝多芬有關的物品。

路德維希‧范‧貝多芬網站

www.lvbeethoven.com

此網站提供許多關於貝多芬的精彩內容，包括全球各地的貝多芬粉絲對他的仰慕文字。

熱愛貝多芬

www.madaboutbeethoven.com

這是另一個專門為貝多芬成立的網站，提供許多貝多芬生平的豐富解說，網站主持人是一位熱愛貝多芬的英國記者，他曾經寫過關於貝多芬的幾本書，也曾擔任與貝多芬有關的研究計畫顧問。

重要專業詞彙

accent 重音：在一個小節中，加重某個節拍，使其較其他的更大聲或更長。

accompaniment 伴奏：伴隨音樂主題出現的和弦、旋律或節奏。

aria 詠嘆調：由一位歌者獨唱的曲調。

arpeggio 琶音：分解的和弦，聽起來音符是各自獨立的。

Baroque era 巴洛克時期：1600 年至1750 年的音樂時期。

cantata 清唱劇：搭配神聖或宗教文本的音樂劇，演唱時有樂器伴奏，包含許多樂章，還有歌者獨唱、二重唱或合唱。

chamber concert 室內音樂會：使用少數樂器的小規模樂團演出。

Classical era 古典時期：1750 年至1830 年的音樂時期。

clavicord 古鋼琴：早期鍵盤樂器。

coda 尾聲：結尾。

concerto 協奏曲：獨奏是這種樂曲關注的焦點。

counterpoint 對位法：結合兩種獨立的聲部或旋律，同時發聲並交融演出的技巧。

crescendo 漸強：愈來愈大聲。

debut 首演：第一次亮相或登臺演出；意同 premiere。

duet 二重奏：由兩位音樂家演出的樂曲。

dynamics 力度：樂曲的強大或柔和感。

embellishment 裝飾音：增加音樂趣味的音符。

ensemble 樂團：音樂表演團體，如合唱團、管弦樂團或室內樂團。

finale 終曲：樂曲的最後一個樂章。

flat 降記號：將音高降低半音的記號。

fortepiano 古鋼琴：18 世紀所製造的鋼琴類型統稱，是現代鋼琴的前身。

genre 流派：作品的標準分類或風格。

Gregorian chant 格雷果聖歌：早期教會詠唱的單聲部音樂，沒有和聲。

harmony 和聲：兩道或以上的聲音同時歌唱。

harpsichord 大鍵琴：撥弦、鍵盤樂器；琴弦是用羽毛製成。

improvisation 即興演奏：音樂家演出時創作的樂曲。

Kapellmeister 樂長（德國）：宮廷或教堂樂團總監。

key 調性：具有獨特音調的音符或音高。

libretto 劇本：歌劇或清唱劇的腳本。

lyrical 適於歌唱的：具有歌曲的形式與音樂性質。

manuscript 手稿：有樂曲音符記號的文件。

measure 小節：基本的音樂單位；由寫在小節線內的音符所構成。

melody 旋律：不同音高的音符組成的音樂形式。

minuet 小步舞曲：優雅的法國舞步。

motif 動機：一段屬於樂曲主要基調的旋律或樂音，通常在曲子中會不斷重複。

movement 樂章：大型音樂作品中，完成且自成一段的部分。

nocturne 夜曲：形式抒情自由的短篇樂曲。

notation 記譜法：記錄音樂表達的方法。

note 音符：獨特明確的音高、性質或長度，也稱「音調」。

octave 八度音：不同音域的八個音調組成。

opera 歌劇：以演唱為主的戲劇，包含道具、場景、演技。

opus 作品號：以作品完成時間依序排列，或以作品的出版或發表時間為主的分類方式，為「作品」的義大利文。

oratorio 神劇：一種戲劇演出（通常有宗教主旨），以演唱為主，沒有道具、場景，與歌劇完全不同。

orchestration 管弦樂法：為管弦樂團創作樂譜的藝術形式。

ornamentation 修飾法：增添旋律趣味的修飾手法（如顫音，兩個音符之間的不同表現方式）。

overture 序曲：樂曲開場，法文原意為「開始」。

pitch 音高：音調的高低。

premiere 首演：意同 debut。

program music 標題音樂：由樂器演奏的音樂，能表達情緒、敘說故事或描繪畫面。

quartet 四重奏：需要四種樂器演奏的樂曲。

range 音程：一首樂曲中從最低音符到最高音符，或指人聲或樂器能到達的最高音。

Renaissance Era 文藝復興時期：1450年至 1600 年的音樂時期。

rhythm 節奏：綜合短音、長音，或甚至不均勻聲音，能傳達樂章特色的音樂。

Romantic Era 浪漫時期：1800 年至 1900 年的音樂時期。

scherzo 詼諧曲：義大利原文為「玩笑」；活潑的 3/4 拍，分成三部分的音樂形式。

score 樂譜：記錄樂曲中所有樂器演出與人聲演出的紙頁。

sharp 升記號：提高音符半音的記號。

sonata 奏鳴曲：大型的樂器演奏樂曲，樂章循環對比演出。

soprano 女高音：最高的女聲。

staff 五線譜：書寫音符的框架。

symphony 交響曲：大型音樂作品，專為管弦樂團演出創作，源自希臘文 Sumphonia，有「和諧」之意。

symphonic poem 交響詩：專為管弦樂團演出創作，屬於標題音樂的一種，樂章能引發許多抒情畫面；又稱「音符詩」。

tempo 節奏：樂曲中旋律的速度。

theme 主題：闡述想法的一段音樂。

tone 音：特定的音高、性質或長度，也稱做「音符」。

trio 三重奏：需要三種樂器演奏的樂曲。

variation 變奏曲：改變主題，讓樂曲的主題變得不同卻還是能分辨。

virtuoso 巨匠：技巧高超的演奏者。

volume 音量：音樂作品在進行演奏時的大小聲程度。

waltz 華爾滋：強調第一拍的三拍舞曲：1、2、3，2、2、3……

國家圖書館出版品預行編目（CIP）資料

跟大師學創造力 . 5：貝多芬與他的音樂 +21 個創意實驗 / 海
倫 ‧ 包爾 (Helen Bauer) 著；陳佳琳譯 . -- 初版 . -- 新北市：字
畝文化創意出版：遠足文化發行 , 2018.04
　　面；　　公分 . -- (Stem ; 6)
譯自：Beethoven for kids : his life and music with 21 activities
ISBN 978-986-96398-0-4(平裝)

1. 貝多芬 (Beethoven, Ludwig van, 1770-1827) 2. 音樂家 3. 傳記
4. 通俗作品
910.9943　　　　　　　　　　　　　　　　107005371

STEM006
跟大師學創造力5：貝多芬與他的音樂＋21個創意實驗

作者／海倫‧包爾 Helen Bauer　　譯者／陳佳琳
字畝文化創意有限公司
社長兼總編輯／馮季眉　主編／許雅筑　責任編輯／吳令葳　編輯／戴鈺娟、陳心方、李培如
封面設計及繪圖／三人制創　美術設計及排版／張簡至真　校對／李承芳

出版／字畝文化／遠足文化事業股份有限公司　發行／遠足文化事業股份有限公司（讀書共和國出版集團）
地址／231新北市新店區民權路108-2號9樓　電話／(02)2218-1417　傳真／(02)8667-1065
客服信箱／service@bookrep.com.tw　網路書店／www.bookrep.com.tw　團體訂購請洽業務部 (02) 2218-1417 分機1124

法律顧問／華洋法律事務所　蘇文生律師　印製／中原造像股份有限公司

2018 年4月25日　初版一刷　定價：380元　書號：XBST0006　ISBN：978-986-96398-0-4
2023 年7月　　　　初版七刷

BEETHOVEN FOR KIDS: HIS LIFE AND MUSIC WITH 21 ACTIVITIES
by HELEN BAUER, ILLUSTRATED BY TRAVIS HILTZ
Copyright:© 2011 BY HELEN BAUER
This edition arranged with SUSAN SCHULMAN LITERARY AGENCY, INC
through Big Apple Agency, Inc., Labuan, Malaysia.Traditional Chinese edition copyright:
2018 WordField Co., Ltd.All rights reserved.